KB242835

CHRISTIAN LIFE

그리스도인의 생활

| 황 루디아 지음 |

최선의 삶
Master's Life

contents

추천의 글

우리의 경험에는 한계가 있습니다.

아무리 오래 산 사람이라 할지라도 아무리 부지런한 사람이라 할지라도 모든 일을 경험할 수 없고 이해 할 수 없습니다.

아이를 낳고 기르는 동안 잠 못 이루는 밤을 경험해보지 못한 사람은 아이를 통해 느낄 수 있는 엄마의 기쁨이나 아픔, 가슴 저림을 말할 수 없습니다.

나는 17년 전 민족화합기도회를 통해서 루디아 선교사를 만난 것이 인연이 되어 지금까지 중보 기도제목을 나누면서 예수 안에서의 사귐을 갖고 있습니다.

자신은 초등학교도 졸업하지 못한 무학력자라고 하시면서도 회원들 앞에서 당당하게 하나님을 증거하는 그 모습이 인상깊게 남아있습니다. 나는 그가 쓴 간증집 "낮은자를 높이신 하나님"을 통해 상식적으로는 생각할 수도 없고 전혀 이해할 수 없는 삶을 경험하고 살아 낸 루디아 선교사의 삶을 알았습니다.

그리고 성경 속에 요셉의 인생이 그러했고, 다윗의 삶이 보여주듯이 하나님께서 루디아 선교사의 삶에 간섭하셔서 치유하시고 회복시키심으로 하나님의 역사를 이루는 도구로 들어 쓰심도 그 책을 통해서 보았습니다.

이 책속에는 지난 20년간 하나님과 함께 걸어 온 사역의 발자취로 많은 사람들의 치유와 회복의 이야기가 담겨져 있습니다.

삶에 지치고 피곤하고 상처받아 아파하고 절망함으로 치유와 회복을 원하는 많은 분들에게 루디아 전도사가 소개하는 사랑의 하나님을 만날 수 있도록 이 한권의 책을 선물하고 싶습니다.

명지대학교 총장 정근모

추천의 글

황루디아 선교사는 하나님의 사람입니다.

그녀의 처녀작 "사랑을 알기까지에는"은 3판 이상에 걸쳐 출판되어 지금까지도 많은 이들에게 깊은 감명과 사랑을 남겼습니다. "하나님께서 지혜와 능력을 주셔서 영어를 한 마디도 못하는 제가 지금은 미국에서 봉사하고 있습니다. 이제 미국에만 머물지 않고 저를 필요로 하는 곳이라면 어디라도 달려갈 생각입니다." 라고 한 그녀의 신앙고백은 아직도 저를 비롯한 많은 크리스천들과 동포들에게 귀감이 되고 있습니다.

특히, "신앙의 징검다리"라는 그녀의 책은 크리스천의 삶의 자세와 인생의 참된 행복, 그리고 성공적인 부부생활과 삶의 지표가 되는 글이었기에 지금도 제가 소중하게 간직하고 있습니다.

이번에 출판하게 되는 "그리스도인의 생활"을 한 장 한 장 읽어가는 동안, 다시금 그녀를 통해 역사하시는 하나님의 섭리에 감동 받았으며, 우리들의 일상에 그녀가 들려주는 잔잔한 메시지는 오늘날, 불법이 성하여 사람들의 가슴에서 사랑이 식어지는 세대에게, 하나님을 사랑하면서도 행함이 없었던 크리스천들에게 반석위에 집을 짓는 온전한 생활의 지표가 되어줄 것을 확신합니다.

그간 출판된 루디아 선교사의 글이 한국적이요, 동양적인 것이었다면, 이번의 책은 서구적이고, 세계적인 차원 높은 내용의 글이기에, 읽는 이들로 하여금 보다 성숙한 신앙의 목표를 향해 힘차게 전진하게 합니다. 나는 그녀가 이제는 세계로 나아가 아름다운 성공을 이루어 내어 모두에게 감동을 심어주는 기수가 되기를 바랍니다.

아름다운 삶의 일상을 그려준 황루디아 선교사에게 감사의 마음을 전하며, 하나님을 사랑하는 이들에게, 참다운 행복을 꿈꾸며 이 땅을 살아가는 모든 이들에게 이 한 권의 책을 추천합니다.

(사) 세계복음화중앙협의회 공동회장
성문교회 당회장 홍명호 목사

책머리에

그리스도인의 생활 강사로 부름 받아 상담사역의 길로 접어든 지도 벌써 20년이 되었습니다. 20주년을 보다 더 의미 있게 보내고 싶은 마음으로 그 동안 사역의 현장에서 부르짖고 외쳐왔던 내용을 정성스럽게 모아 『그리스도인의 생활』이라는 책으로 출간하게 되었습니다.

아플 때 위로하고 외로울 때 함께 하는 일도 중요했지만 올바른 상담이나 교육을 통해 자생력을 갖도록 훈련시키는 일은 더 중요하다는 것을 일찍 알게 되었습니다. 헤아릴 수 없을 만큼 수많은 형제 자매들을 만날 수 있었던 것은 오직 하나님의 은혜였습니다.

34세의 나이에 부서지고 조각나 버린 인생을 들고 나와 주님께 수리 받으려 했을 때 내놓을 것이라고는 하나도 없었습니다.

고아의 신분으로 성장하여 무 학력으로 살 수 밖에 없었던 시절이었기에 그 답답하고 불편한 것은 말로 표현할 수 없었습니다. 그러나 주님 말씀에 멸시 받고 천한 자를 통해 주님의 일을 이루시겠다 하셨으며 배우지 못한 자를 들어서 배운 사람을 부끄럽게 한다고 하셨습니다.

드디어 주님 품에 안긴 후 또 다른 혹독한 훈련을 통해 새롭게 내 인생을 빚어주시고 학자와 같은 말을 하게도 하고 듣게도 하셨습니다.

"여호와의 율법은 완전하여 내 영혼을 소성케 하고 여호와의 증거는 확실하여 우둔한 나를 지혜롭게 하셨습니다"(시 19:7).

내 마음에 소원을 주시고 내 입술에 구함을 거절치 않으셨기에 20년의 사역의 길을 한결같이 승리의 길로 올 수가 있었습니다.

19세기 복음 전도자 무디도 천로역정의 저자 존 번연도 무 학력이었지만 하나님 손에 붙들려 세상을 놀라게 하는 삶을 살았듯이 이 부족한 나를 들어서 신앙의 징검다리 상담 사례집과 간증집인 낮은 자를 높이신 하나님, 그리고 사랑의 징검다리 시집을 이미 출간하게 하셨고 금번에 "그리스도인의 생활"을 펴낼 수 있도록 인도해 주셨습니다.

그 이면에 하나님께서는 수많은 책을 읽게 하셨고 다른 사람들의 아픔을 간접 경험하게 하셨습니다. 너무나 모르는 것이 많아 답답해 울고 있을 때 언제나 성경에 기록된 말씀으로 가르쳐 주셨고 위로해 주셨습니다.

내 나이 올해 60이요 사역의 길 20년이지만 단 한 순간도 성경 말씀을 떠날 수 없었던 것은 그 말씀이 나를 소성케 하였기 때문입니다. 지금도 그 말씀을 붙들어야 사역의 현장으로 달려갈 수가 있기에 하나님께 부름 받는 그 순간까지 말씀을 마음에 품고 살아야 함은 당연한 일임을 선포하게 됩니다.

주의 말씀은 내 발에 등이요 내 길에 빛이었습니다. 내 남은 인생도 말씀이 빛이 되어주셔서 어떤 길을 걸어가도 넉넉히 승리할 것을 믿게 됩니다.

몇 개월 동안 그리스도인의 생활을 집필하고 난 후 캐나다 밴쿠버로 선교 여행을 떠나도록 하셨습니다. 이런 저런 문제와 부딪쳐 괴로워하는 심령들을 만나 피차 위로하고 위로 받게 하시는 하나님은 아직도 할 일이 많다는 것을 각인시켜 주시는 것이었습니다. 캐나다에서 또 다른 사역의 비전을 주셨기에 벅찬 마음으로 돌아와 새로운 계획을 세워 봅니다.

이 책을 읽는 분들과 언제나 함께 하고 싶은 마음으로 기대해 봅니다.

이 작은 원고를 보배롭고 알차게 만들어 주신 최선의 삶 김민영 박사님에게 깊은 감사를 드립니다.

L.A. 라크라센터에서
루디아

I. 가정이라는 성소

LA에서 "그리스도인의 생활" 성경공부를 종강하면서

1. 즐거운 결혼생활 | 2. 부부의 조건 | 3. 남편들을 위해

4. 아내들을 위해 | 5. 내어주며 거절당하는 부모의 인생

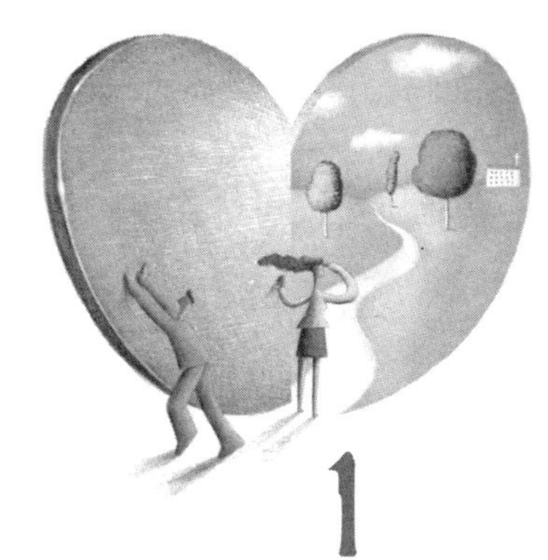

즐거운 결혼생활

결혼은 아름다운 가정이 탄생되는 첫 출발입니다. 결혼이라는 제도가 없다면 세상은 무질서하고 삭막할 것입니다. 남녀가 만나 서로의 필요를 채워주며 종족을 번식하고 둘만이 갖는 비밀로 인하여 풍성하고 복된 삶을 누릴 뿐만 아니라 성적인 만족을 정당하게 표출하면서도 부끄럽지 않은 것이 부부입니다.

무엇보다 하나님의 창조 역사에 동참하는 일이요 하나님 나라 확장에 기여하고 있음을 자부해도 되는 것이 결혼생활입니다. 한편 결혼의 출발의 의미는 떠나는 것이요, 분리되는 것이 필수입니다. 둘이 한 몸을 이룬다는 것은 추상이 아니고 실존이어야 합니다. 양가의 모든 가족으로부터 확실하게 분리되어 한 가정을 꾸미고 가꾸어야 하는 출발이 결혼입니다. 만약 떠나지 않는 결혼생활은 얼마 못가서 커다란 문제의 발단이 될 것입니다. 양가의 부모는 물론이고 형제, 친구, 취미생활 등등.

결혼 전에는 이러한 것들이 우선 순위가 되었지만 결혼 후에는 부부가 서로 호흡을 맞추는데 우선 순위를 두어야 합니다. 정신적인 독립은 물론이고 경제적인 책임도 부부만의 몫이 되어야 합니다. 결혼은 전 생애를 동반하겠다는 약속이기에 어떠한 강풍이 몰아쳐 둘의 사이를 갈라 놓으려 해도 더욱 더 서로 붙잡아 주고 지켜 주어야 할 의무와 책임이 있음을 잊어서는 안 된다는 것입니다. 부부는 서로 도와주는 관계가 되어야 합니다. 자기의 편의를 얻기 위해 자신에게 유리하도록 고치려 해서도 안됩니다. 상대의 약점을 보완해 주고 수용하므로 위험에서 구해주며 위로해 줄 때 존경심을 갖게 됩니다. 그러므로 피차 즐겁게 해 주려는 노력이 따르게 됩니다. 하나님이 인간에게 준 가장 중요한 선물은 서로의 관계 속에서 사랑을 확인하고 살고 싶은 욕구입니다. 나만 그런 것이 아니고 상대도 그럴 것이라 생각해야 합니다. 그것은 서로의 입장을 존중하는 일이 됩니다. 그것이 부부의 관계입니다.

요즘도 여전히 신문지상이나 매스컴을 통해 접하는 소식은 가정파 탄입니다. 급증하는 이혼율, 그로 인한 가출 청소년, 마약, 폭력, 살인 등 가정의 붕괴로 인한 악이 순환을 일으킵니다. 그렇게 되어지는 원인을 살펴보면 간단합니다. 서로의 허물을 덮어주지 못하고 서로의 필요를 보완해 주지 못하므로 생긴 일들이 그렇게 엄청난 사건을 야기시켜 세상을 놀라게 합니다. 가정으로부터 마땅히 받아야 할 사랑을 받지 못해서 생기는 애정 결핍은 욕구불만으로 이어지고 욕구불만의 해소를 위해 불법을 일삼으며 급기야는 역기능 가정이라는 이름으로 추락해 버립니다. 성경은 이러한 현상이 일어날 것을 이미 예고해 주셨습니다(딤전 4:1 ; 마 24:12).

가정의 질서가 무너지고 결혼의 엄격한 도덕성이 무너지면 살아남기 위한 수단이 판을 쳐 이기심에 빠지게 하고 자기 합리화로 하나님의 법을 수정해 가려 합니다. 교만과 아집으로 자기를 대변하며 포장해 가려 하지만 자기 스스로는 악법을 만드는 주인공이라는 사실조차 깨닫지 못한다는 것이 문제입니다. 무너진 도덕성을 감추기 위한 인간의 술수는 과장된 포장으로 잔인한 행동과 난폭한 위증으로 문제만 일으킵니다. 이 모든 원인이 잘못된 부부관으로부터의 출발입니다. 사랑이 식어져 버린 가정으로부터의 시작이란 말씀입니다. 가정은 사랑을 샘솟게 하는 유기체입니다. 부도덕하고 패역한 행동을 하다가도 사랑이 샘솟는 가정에 들어오면 안식을 얻어야 하고 그 샘물을 마시므로 해갈이 되어 악의 수치가 정상으로 돌아가야 합니다.

　결혼이라는 제도가 행복한 가정을 이루는 것이 아니고 결혼을 했으니까 행복한 가정을 가꾸어야 할 책임이 따르는 것입니다. 상담을 하다 보니 용기가 없어서 헤어지지 못하는 부부도 많이 있었습니다. 결혼이라는 굴레에 묶여 어쩔 수 없이 산다는 부부도 있습니다. 심리학자들의 말을 빌려보면 이러한 부부는 "정서적 이혼상태" 라고 합니다. 한 가정에 살고 있지만 헤어진 부부란 말입니다. 매우 안타까운 일입니다. 남이 부끄러워 산다는 체면형, 자식을 위해 산다는 책임형, 원망도 반항도 다 해 보았지만 더 이상 어떻게 할 수가 없어서 체념하고 산다는 체념형도 있습니다. 그러나 현명하고 성숙한 부부는 배우자를 있는 그대로 받아들입니다. 상대가 나에게 맞추기를 바라지 말고 내가 상대를 맞추어 가는 생활에 습관을 갖는 것입니다. 행여라도 배우자를 개조해 보겠다는 생각은 버려야 합니다. 사랑하기 위해 결혼 했다는 해답을 갖고 끝까지 가야 합니다.

　책을 읽다가 행복한 결혼생활을 묘사한 글이 좋아서 옮겨 봅니다.

10대는 서로가 꿈속에서 그리며 살고

20대는 서로 신이 나서 살고

30대는 서로의 환멸을 참으며 살고

40대는 체념하며 살고

50대는 서로 가엾어서 살고

60대는 서로 없어서는 안되니까 살고

70대는 서로 고마워서 사는 것이 인생이라고 합니다.

부부는 승자도 패자도 없습니다. 행복한 결혼생활은 정원을 가꾸듯이 서로 바라보며 서로 가꾸어 가는 것입니다. 어느 누구도 간섭해서도 안되지만 간섭할 수도 없는 것이 부부생활입니다.

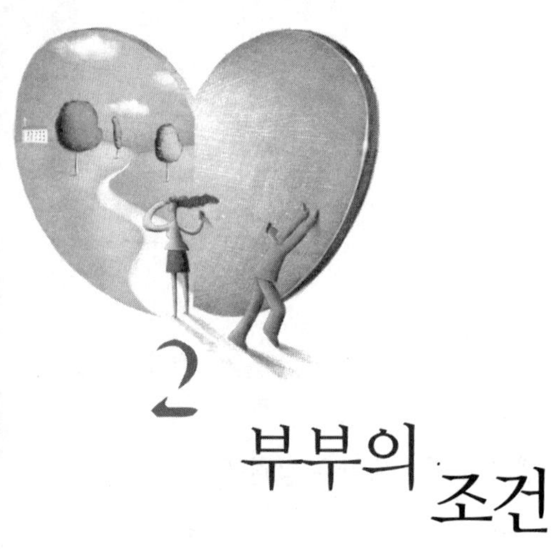

2 부부의 조건

1. 대화가 단절된 부부

2. 가치관의 갈등을 겪는 부부

3. 성생활의 불만을 갖고 있는 부부

4. 희망의 상실로 의욕을 잃어 버린 부부

위 사항들을 네 가지로 분류해 보았지만 첫번째, 대화가 단절 되면 그 나머지가 모두 어긋나는 것은 당연합니다. 그만큼 부부의 대화는 중요한 것입니다. 대화가 단절되기까지는 그만한 원인이 잠재해 있다는 것을 말해 주고 있습니다. 어디서부터 대화가 끊어졌는지 분석할 필요가 있습니다. 보통 우리는 기대가 무너졌을 때 할 말을 잃어 버립니다. 결혼 초에는 서로 요구 하는 일들이 많았을 것입니다.

발을 깨끗이 씻어라, 저녁에는 반드시 샤워를 해라, 일찍 귀가해라, 한 달에 몇 번은 외식을 하자, 담배를 끊어라, 친구들을 너무 자주 만나지 말아라, 화장은 이렇게 해라, 옷은 어떻게 입어라, 부모님께 이렇게 하자 등등 이러한 사항들이 잘 맞아 떨어지지 않을 때 요구 조건이 서서히 꼬리를 감추기 시작하면서 대화가 단절되기 시작합니다. 어느 한계선을 긋고 이것만은 절대 포기 할 수 없다는 지점에 다달았을때 그 관문이 형통하게 넘어갔으면 다행이지만 그 관문이 불통했을 때는 결정적인 대화가 단절되기 시작합니다.

대화의 단절로 인하여 일차적으로 오는 것은 성적인 불감입니다. 남자는 성교를 통해 갈등 해결을 하려고 하지만 여자는 갈등을 해결해야만 성생활을 할 수 있다는 것입니다. 남자는 시각적이고, 촉각적인 충동으로도 할 수 있지만 여자는 감성적이기 때문에 애정이 확인돼야만 합니다. 이러한 서로의 생리적 현상을 알게 되어야만 가치관의 정립이 될 수 있습니다. 가치관이 똑같을 수는 없겠지만 그러나 행복을 유지하기 위해서 서로의 공통점을 맞추어 가야 하는 것은 매우 중요합니다. 취미, 오락, 정치에 관한 것, 식사 취향, 경제 관리, 신앙 생활 등등.

　　가치관을 이해한다는 것은 조금 번거러운 것 같지만 필수입니다. 부부가 지속적으로 노력하여 대화로 끌어나가야 할 이유가 있기 때문입니다. 갈등 없는 부부는 없습니다. 갈등을 해소하며 살기 위해 서로 얼마나 노력하느냐가 관건이 됩니다. 결혼 했으니 당연하다는 논리나 결혼 했기 때문에 다 된 것으로 알고 살게 된다면 엄청난 착오가 발생됩니다. 결혼의 감정과 결혼생활의 감정이 다르듯이 실상과 허상을 분별할 줄 알아야 합니다. 각자 다른 가정의 문화 속에서 성장 되었기에 우선 그 자체를 인정해 주어야 합니다. 그것은 대화의 창구가 막히지 않기 위해서 입니다. 그리고 자신의 의견을 솔직히 내어 놓고 중간 지점으로 맞추어 가는 기술이 필요합니다.

　　자기 중심적인 생각이나 자기 방어적인 태도는 불행의 원인이 됩니다. 남편이 바라보는 처가에 대한 의식과 아내가 바라보는 시집에 대한 의식이 다르지만 그러나 그 자체를 들추어 내려는 자세 보다는 서로 인정하면서 또 다른 입장에서 함께 공유하며 바라 볼 수 있는 눈이 떠져야 합니다. 피차 가족관의 문제가 대두되는 것은 부모로부터 분리되지 않았고, 떠나지 못했다는 증거입니다. 더 단적으로 표현하면 부부로서 확실한 독립이 안된 것입니다. 독립된 부부는 균형 잡힌 사랑으로 반응하며 발전시켜 갑니다. 상대를 내 맘에 드는 사람으로 만들려고 하지 않고 내가 상대의 맘에 드는 사람이 되려고 노력하게 됩니다. 그것이 참으로 건강한 부부입니다.

부부의 문제가 발생 되었을 때

1. 왜 화가 났는지 이유를 알아야 합니다.
2. 자신의 의견이 정확한 것인지 혹은 개선 되어야 하는지?
3. 약점을 공격하지는 않았는지 살펴야 합니다.

상대의 입장에서 다시 한번 생각 할 줄 아는 배려가 필요합니다. 신체중 한 부위가 없다고 가정 했을 때 알고 선택 했으면서도 때때로 그 약점을 들어 공격하는 것은 비굴한 인격이 됩니다. 오히려 불편스러운 그 자체를 보완해 주어야 사랑이 더 깊어집니다. 갈등이 대두되었을 때 뚫고 넘어가야 하는 일은 그 순간을 피해 버리는 일보다 더 어려운 일입니다. 그러나 부딪치고 반응하는 것은 발전적인 일이고 지속적으로 대화의 창구를 열어가는 일입니다. 부부의 적당한 갈등은 오히려 행복한 결혼생활의 활력이 됩니다. 서로 무엇을 요구하는 것보다는 보완해 주려는 노력으로 힘쓰되 서로의 인격을 존중히 여기면서 섬겨 주는 자세로 해야 합니다. 남자는 과묵하게 아내를 감싸주어야 하지만 여자는 매력있는 모습을 연출하여 남편으로부터 성적인 충동을 느끼게 해야 합니다. 부부는 승자도 패자도 없습니다. 만약 이혼을 해도 제 삼자 입장에서는 어느 편도 더 점수를 주지 않는다는 말씀입니다. 상대에게 고통을 주기 위해 싸움을 걸거나 상대의 자존감을 무자비하게 짓밟아 버리려는 태도는 참으로 비인격적 행위입니다. 우리의 욕구를 만족시켜 줄 수 있는 사람은 이 세상 어디에도 없습니다. 자신의 욕구가 충족되기를 기대하지 말고 상대의 필요를 채워주려는 최선의 노력이 가치있는 인격으로 아름다운 가정을 세워갑니다.

결혼은 끝까지 가야 한다는 원칙을 가질 때 그 길이 열립니다. 이 세상 부부들이 수많은 고통과 갈등의 관문을 극복하였기에 이십오년이면 은혼식을 하고, 오십년이면 금혼식을 합니다. 헤어지고 싶은 유혹을 수도 없이 뿌리치고 걸어온 길이기에 은혼식이고, 금혼식인 것 같습니다. 이렇듯 위대한 길을 걸어 끝까지 살아남은 부부들에게 찬사를 보내 드립니다.

남편들을 위해

3

가정의 문제를 상담하면서 보편적으로 느끼는 것 중 하나는 한국 남성들의 특성입니다. 유교 문화에 길든 유전적 요소들이 가부장적이고, 권위주의적입니다. 그 뿌리가 너무나 깊어서 본인들이 전혀 의식하지 못하는 가운데 상처를 주게 된다는 것입니다. 말끔히 끊어버릴 수는 없겠지만 그 의식 자체는 바뀌어야만 합니다.

성경적 남편상은 가정의 머리됨을 말하고 있지만 남편이 가정의 머리라는 의미는 가정에서 발생되는 모든 것을 책임져야 한다는 것도 됩니다. 이 말은 온 가족을 안정적이고 정서적으로 풍요로운 분위기를 만들어 주어야 하고 온 가족들의 정신적 지주로서 주도권을 갖고 행사해야 한다는 의미입니다. 행여라도 아내를 남편의 욕구를 채워주는 존재라는 의식이 자기 안에 있다면 절대 버려야 하고 성을 함께 나누고 즐겁게 살아야 할 책임을 가져야 합니다(벧전 3:7). 남자는 아내에 대하여 알려고 노력하라고 했습니다. 여자는 연약한 그릇이기 때문에 사랑해도 그 사랑에 흠이 없어야 한다는 것입니다(골 3:19). 남편은 아내의 영적인 행복을 살피고 돌보아야 하고, 자기 십자가를 지고 묵묵히 가라는 것입니다. 아내가 무엇을 좋아 하는지, 자신이 어떻게 행동할 때 기분 좋은 반응이 보이는지도 살펴야 합니다.

남자는 지식이나 정보를 주고 받는 일에 관심을 기울이지만
　　여자는 감정을 순화시켜주는 일에 열정을 갖습니다.
남자는 원칙적이고 추상적인 일에 호기심을 갖지만
　　여자는 자기 개성을 발휘하고 자아실현 할 수 있는 것으로 가정을 이끌어 가려 합니다.
남자는 자신의 직업이나 직장을 통해 자기를 성취하려 하고
　　여자는 안정되고 평안하기만 하면 행복해 합니다.
남자는 모험적인 것을 좋아 하지만
　　여자는 안정적인 것을 좋아 합니다.
남자는 자기가 죄를 짓고도 미리 화를 내서 그 죄를 덮으려는 경향이 있지만

여자는 죄를 짓게 되면 움츠러듭니다.

남자는 존경 받고 싶은 욕구가 강하게 작용하지만

여자는 보호 받고 사랑 받고 싶은 욕구가 강합니다.

이렇듯 여자와 남자는 생리적으로 다르다는 것을 우리는 알아야 합니다. 어느 책에서 기록된 통계를 보니까 남자가 없기 때문에 느끼는 여자의 고독감은 여자가 없기 때문에 느끼는 남자의 허전함보다 훨씬 절실하다고 했습니다. 확실히 여자는 남자의 갈비뼈를 통해 빚어진 것을 실감케 합니다. 남편들에게 전합니다. 아내를 사랑하되 갈비뼈라는 것을 잊지 마시고 자기 몸을 아끼듯 아내를 아끼고 사랑하시기 바랍니다.

4 아내들을 위해

남자와 여자가 인격적으로는 평등하지만 기능과 역할에 있어서는 다릅니다. 여자는 신체적으로 연약하지만 남자는 심리적으로 연약합니다. 그래서 남자나 여자나 다 상처받기 쉽고 깨지기 쉬운 연약한 존재라는 것을 우선 알아야 합니다.

남성은 시각 지향적이고, 후각 지향적인 반면에 여성은 청각 지향적이고, 촉각 지향적이라고 합니다. 남자는 냄새 맡는 일에 쉽게 영향을 받고 여자는 귀로 듣고, 몸으로 접촉하는데 민감하다는 것입니다.

남자는 성공 지향적이어서 지배적인 성향이 강하게 나타나고 동시에 공격적이기도 하다는 것입니다. 또한 남자는 객관적이고 논리적인 성향이 있어서 운동이나 어떤 활동을 통해 친해질 수가 있고 친밀감을 느낀다고 합니다. 여자들이 가정을 생각하고 남편의 건강을 챙기려 한다면 남자들은 정치나 운동, 사업에 관한 일들을 논하는 것을 즐긴다고 합니다.

한편, 남편들이 아내에게 존경받고 있다고 느낄 때는 출근할 때 남편을 정답게 전송하고 퇴근할 때 아내가 가정에서 따뜻하게 맞이해 줄 때라고 합니다. 특히 귀가할 때 맞이해 주는 아내의 사랑은 남편의 마음을 흡족하게 할 뿐만 아니라 자부심을 갖게 합니다. 왜냐하면 남편이 제일 참기 어려운 것이 아내의 무시입니다. 남편은 언제나 아내가 존경해 주는 것을 필요로 합니다. 자신을 가정의 지도자로 인정해 주는 아내의 관심을 필요로 한다는 것이지요. 직장 일로 마음 상해 들어올 때, 아니면 육신적으로 지쳐서 귀가할 때 짜증스러운 말이나 충고해 주려는 말보다는 무조건 이유달지 말고 남편의 편을 들어 주어야 지혜로운 아내입니다. 경쟁심이 강한 것이 남자이기에 다른 사람과 비교하는 것은 절대 피해야 하고 남편의 직업에 관계없이 내 남편 하는 일이 최고라는 격려로 자부심을 갖게 해야 합니다. 남자는 언제나 자기 편 들어 줄 사람을 찾는다는 것을 잊지 마세요.

한편 재치 있는 아내는 남편이 좋아하는 음식이나 남편 건강에 좋다는 식단을 꾸미게 됩니다. 그것으로 충분히 아내의 사랑이 충족되어 의욕과 사기가 살아나게 되지요. 또 하나 아내들에게 하고 싶은 말은 남자는 자신의 능력이나 가정 형편에 관계없이 아름답게 가꾸는 아내를 필요로 합니다. 그래서 아내들은 신혼 시절에 갖추었던 매력을 유지하도록 힘써 가꾸어야 합니다. 남편이 가장 싫어 하는 것은 아내의 공격적인 말이며, 특히 자녀들 앞에서는 삼가하여야 합니다.

할 말을 하더라도 순종하는 자세로 남편의 위신을 높여 주면서 대화를 통해 해결해 나가야 합니다. 남자가 정신적으로 위축을 받게 되면 성공적인 길을 갈 수가 없습니다(갈 6:1) .남자는 누구보다도 아내의 격려와 애교스러운 태도로 힘을 실어주는 행위를 요구합니다. 만약 칭찬할 것이 없으면 만들어서라도 칭찬해야 합니다. 걸음걸이가 남자답다든지, 밥 먹는 모습이 복스럽다든지, 끈기 있는 당신의 마음이 참으로 자랑스럽다든지, 세월이 갈수록 당신의 모습이 중후해 보여서 든든하다든지 등등의 말로 북돋우시기 바랍니다.

가정에 새로운 일이 생길 때 아빠 먼저 보게 하는 태도, 가족과 함께 식탁을 대할 때도 아빠 먼저 수저를 들고 난 후 자녀들에게 들게 하는 교육은 가정의 질서를 잡아 주고 남편의 권위를 높여주는 행위가 됩니다. 또한 아내의 매력은 외모에만 있는 것이 아니고 부드럽고 친절한 태도, 온유함을 지닌 인격감각을 가졌을 때 입니다. 남편에 대하여 무시하는 말이나 빈정대는 태도는 의욕과 사기를 짓밟는 행위가 됩니다. 누군가를 통해 들은 말을 인용해 보면 남자들 마음에는 세 살짜리 어린아이가 들어 있다고 합니다. 특히 아내와의 관계에서 쉽게 적용되는 것은 아내를 통해 무슨 말을 듣든지 어떤 자극을 받든지 했을 때 남편들 속에는 아이 같은 성품이 있다는 말이겠지요. 아이들은 철이 없지만 솔직하고 자기의 감정 표현에 충실합니다. 이러한 남편들의 생리를 알아서 지혜롭게 처신하므로 행복한 가정을 가꾸어 가는 삶이 되시기를 바랍니다.

5

내어주며 거절당하는 부모의 인생

이 세상에 자식 사랑하지 않는 부모가 어디 있을까요! 특히 우리 나라 부모님들의 자식을 향한 사랑은 세상 어느 나라에서도 찾아 보기 힘든 독특성을 가지고 있습니다. 자식을 사랑하다 못해 지나친 관심으로 기울어지고 심지어는 편애적인 구속이 되어 또 다른 악의 성격을 형성해 가는 원인이 되기도 합니다. 자식을 유난히도 사랑한다는 부모를 만나 그의 아픔을 함께 나눈 적이 있습니다. 그 부모는 나이도 어린 자녀의 손을 잡고 골프를 배우게 하고 갖가지 재능을 개발해 본다는 취지 하에 이것 저것으로 바쁜 일정을 보내게 되었다고 합니다. 그러므로 학교 성적도 매우 우수하고 운동이면 운동, 음악이면 음악 그 어느 것 하나도 나무랄 데 없을 만큼 모범생으로 성장기를 맞게 되었다고 합니다. 그러던 어느 날 그가 사춘기에 접어들면서부터 새로운 세계에 눈을 뜨게 된 것입니다. 그 자녀는 갑자기 난폭해지기 시작했고 부모의 뜻을 거스리는 것은 물론이고 온갖 반항을 다 시도하는 불량아로 살아가고 있다는 호소였습니다. 그 자녀의 심리적 현상을 직시해 보면 자유에 대한 본능적 갈망이 돌출되면서 부모의 틀 속에 갇힌 자신으로부터 탈출하려는 열망이 솟구쳐 그만 반항적인 반응으로 포악한 태도로 돌변하기 시작했다는 것을 알 수 있습니다.

자녀들의 성장기에 찾아오는 생리적 변화를 조금씩 조금씩 인정하고 밸런스를 맞추어야 하는데도 불구하고 부모로서의 권위와 능력과 권력으로 사랑이라는 명분을 내걸고 바람직하지 못한 사슬로 자식을 묶어 놓고 부모가 원하는 자리에 가야만 한다는 원칙을 세웠던 것입니다. 그리고 부모가 자녀로서의 주장이나 주체성과는 상관없이 밀어 부치므로 그 자녀는 심한 부담과 강박감에 사로 잡히게 되고, 살아 나고자 하는 본능이 반항으로 분출한다는 것입니다. 그 부모는 그토록 걷잡을 수 없는 아들을 바라보면서 그 동안 기대했던 일들을 하나씩, 하나씩 내려 놓기 시작했다고 합니다. 그토록 엄청난 에너지를 그 자녀에게 투자했기에 다시 어떻게 해 보려는 또 다른 면으로의 시도가 더 큰 좌절과 실망을 안게 되었던 것입니다. 이토록 자녀에 대한 집착과 애증을 끌어안고 눈물 흘리는 그 부모의 모습은 안쓰럽다는 차원을 넘어 내심 화가 나기도 했습니다.

자녀를 위해 아낌없이 주고 또 주면서도 때로는 수치스러울 만큼 자녀로부터 거절당해야 했기에 그 가슴은 시퍼렇게 멍이 들고 있었습니다. 그 부모는 또 다짐합니다. 이제부터 자식에 관한 모든 것을 책임지지 않겠노라고 했지만 그러나 얼마 못가서 그 자녀가 저질러 놓은 일을 수습하기 위해 종종 걸음을 하는 것을 보았습니다. 자식을 사랑 하다못해 그 자식 없이는 내가 살 수 없다는 집착이 병리적으로 발전이 되었던 것입니다. 부모의 병리적 집착으로부터 빠져 나오려는 몸부림은 그렇게 하지 않으면 그 굴레 속에서 벗어날 수 없다는 결론을 내렸기에 그 자녀는 본능적으로 그렇게 행동하게 되는 것입니다. 물론 자연스럽게 건강하게 해결 받을 수 있는 방법이 없는 것은 아니지만 그 부모는 그 방법을 알지 못했던 것입니다.

만약 그 자녀가 그렇게 용기를 내지 못했다면 일평생 부모의 그늘 밑에서 떠나지 못하는 또 다른 문제의 모습도 상상해 볼 수가 있습니다. 부모로서의 사랑이라는 명분하에 이기적 사랑으로 집착의 수치를 최상으로 올려 놓았기에 그 자녀가 그곳으로부터의 탈출은 절대 쉽지 않다는 것을 감지 할 수 있게 되었습니다.

크리스천 가정 상담 사역을 하면서 문제의 가정을 방문하게 되면 드러난 그 문제보다 더 심각한 것으로 그 문제를 만들어 낸 숨어있는 조직이 있다는 것입니다. 좀 더 쉽게 말하면 폭력으로 반응하는 아들이 문제가 아니고 그렇게 키워 준 부모의 심리적, 영적 상태가 문제라는 것입니다. 그러므로 그 부모와의 영적인 문제를 다루게 되면 자연스럽게 그 아들은 정상의 삶으로 돌아와 이 사회가 바라는 인격으로 살아가게 됩니다. 물이 끓기 위해서는 절대 온도 100도가 되어야 하듯이 신앙 생활도 절대 온도에 근접해야 합니다. 하나님께서는 자녀를 통해 부모의 신앙을 성장시켜 주십니다.

오늘날 교회는 다니고 있지만 영적인 분별이 없어서 적군인지 아군인지 조차도 깨닫지 못하고 멋대로 살아갑니다. 존 맥스웰은 우리의 뜻을 구하지 말고 주님의 뜻을 구하라고 했습니다. 주님의 뜻을 주셨을 때 그것을 감당할 수 있는 힘을 달라고 하는 기도가 건강한 기도입니다. 내게 필요한 것을 채워 달라고 구했으나 더 어려운 상황 속으로 몰아넣고 그것을 견디게 하므로 인내를 배우게 하는 것이 주님의 뜻임을 알게 됩니다. 그토록 바라고 원하는 것들이 하나도 채워지지 않아 아파했지만 어디쯤 가다 보니 부족함이 없는 삶을 이미 살고 있었습니다. 그것이 주님의 응답이었습니다. 우리가 원할 때 받을만한 준비가 되지 않았다면 주님께서 더 잘 아시고 주님의 때를 맞추어 응답해 주십니다. 참아내야 하는 일도, 아무 반응없는 것도 응답이 될 수가 있습니다. 행여라도 자녀가 무엇이든 구하면 남보다 잘 산다는 자신감을 심어주기 위해 언제나 해결해 주는 것은 대단한 문제입니다. 생각해 보아야 합니다. 살아 계신 주님의 시선은 잠시도 우리를 떠나지 않습니다. 그토록 절박한 실존적 경험을 통해 얻어진 교훈은 다른 부모들에게 또 다른 자녀들에게 도움을 줄 수 있는 계기가 됩니다. 내가 겪는 고통을 뛰어넘어 다른 사람을 위해 산다는 것은 대단한 축복입니다(고후 1:4). 그래도 내가 사랑하는 자녀로부터 거절당하는 아픔은 수치스러운 상처가 되겠지만 또 다른 문제의 가정들을 세워주고 희망을 줄 수 있다면 감사할 일이라 생각합니다.

II. 용서와 화해 그리고 치료

3·1절 민족화합기도회 후

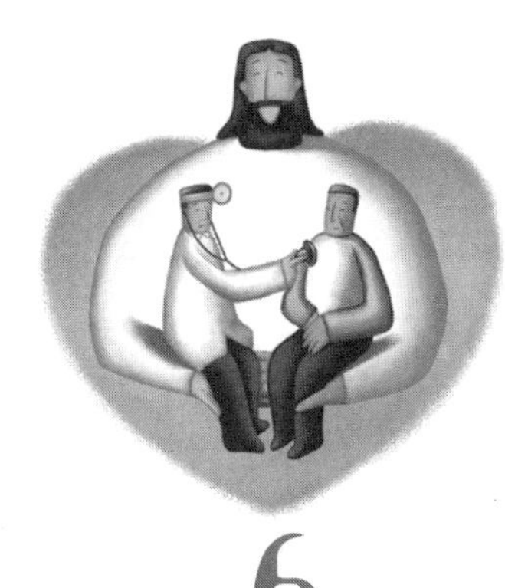

6

부자가 되려면

세상에는 공짜란 없습니다. 땀 흘리고 애써 노력하여 구하지 않은 것은 누릴 자격이 없다는 것을 말합니다. 우리 모두는 각자 자신의 목적을 달성하기 위해 분투해야만 합니다. 어느 한 순간도 소홀하지 말아야 합니다.

대학 졸업장이 직장을 얻게 할 수는 있지만 경력을 쌓아 가는 일만은 자기가 힘쓰고 노력해야 합니다. 게으름 피우지 않아야 하고 업무의 사전 준비를 철저히 하며 세부 사항까지도 꼼꼼히 살피고 정성을 드리되 일에 자부심을 가져야 합니다. 앉아서 행운을 기다릴 수 없기 때문입니다. 혹 문이 닫혀 있다고 체념해 버릴 것이 아니고 밀쳐 열고 들어가야 하는 용기도 필요합니다. 토마토케첩을 사오면 뚜껑을 열었다고 먹을 수 있는 것이 아니고 안에 붙어 있는 딱지를 떼어 내야만 계속적으로 먹을 수 있습니다. 손쉬운 해답을 원하거나 수월한 이익을 취하려 하지 말아야 합니다. 다만 일이 좋아서 할 때 모든 것들이 주어지게 됩니다. 누군가 나에게 지시가 떨어지도록 기다리지 말고 내 스스로 일을 찾아서 하는 습관을 가져야만 부자가 됩니다. 일을 상기 시켜 주어야만 하는 사람은 매사에 틀림은 없지만 한편, 발전도 없다는 것을 알아야 합니다. 뿐만 아니라 그런 사람에게는 주변 사람들이 일을 맡기려 하지도 않습니다.

일상 생활에 독창성을 갖고 재치와 순발력으로 대처해 나갈 때 모든 사람들이 그를 필요로 하게 됩니다. 일하는 자에게는 언제나 따르는 것이 허점이고 실수입니다. 적당한 실수는 인간 관계를 원만하게도 합니다. 실수가 두려워 시도하지 않으면 아무것도 기대 할 것이 없게 됩니다. 알고 보면 실수는 아무것도 아닐 수 있지만 실수를 딛고 다시 일어서는 것은 대단한 용기입니다. 눈치보고 따라 가는 것은 독창적인 자기 것이 없습니다. 용감하게 투쟁하고 길을 열어가는 것은 언젠가 성취를 갖게 됩니다. 그러므로 얼굴에 먼지와 땀으로 얼룩진 사람은 앞서 나가는 사람이고 책임 있는 삶을 사는 사람이기에 그를 위대한 인격자라고 부르게 됩니다.

우리나라 현대 그룹을 일궈놓은 고 정주영 회장께서도 그랬지만 기업을 어느 선상에 끌어올려 놓은 창업가들의 말을 들어보면 한결같이 땀 흘렸다고 합니다. 하얀 와이셔츠에 고급 넥타이를 매고 부자가 되기는 어렵습니다. 부자가 되려면 말이 행동이어야 합니다. 즉 신용이 있어야 한다는 말입니다. 매사에 절약성을 가지고 도덕적인 면으로도 흠이 없어야 하며 언제나 고맙다는 말이나 죄송하다는 말도 할 줄 알아서 원만한 인간관계를 맺어야 합니다. 품위를 떨어뜨리는 일이라면 어떤 경우에라도 동조하지 않는 것이 바람직한 일입니다.

성경은 규모없이 행하고 받은 유전대로 행하지 아니하는 자에게서 떠나라고 했습니다(살후 3: 6). 친구를 잘 만나는 것은 일생 일대의 축복입니다. 정해진 목적지를 향해 절대 포기하지 않고 달려갈 때 더 이상 갈 수 없는 상황에 이르게 되면 그때 하나님께서 해결해 주십니다. 우리가 하고자 하는 어떤 일도 알고 보면 우리의 힘으로 되는 것이 아님을 알게 됩니다. 다만 우리는 최선을 다할 때, 그 일에 옳다고 인정받았을 때, 그때 하나님은 이루어 주십니다. 부자가 되려면 정신력 향상을 위해서 노력해야 하고 끊임없이 하나님께 지혜를 구해야 합니다.

교과서를 통해 배운 것은 보편적인 교육이지만 그 이상의 인격과 정신적 향상을 위해서는 개인적인 노력이 참으로 필요한 것입니다. 가르침을 받는 자세를 뛰어넘어 알려고 하는 노력이 필요합니다. 많은 책들을 통해 다양한 삶의 모습을 스스로 배워야 합니다. 또한 책 속에는 많은 사람들의 성공담도 있지만 실패와 실수로 인한 어려움들도 있습니다. 어떻게 극복했는지 다양하게 배우게 되므로 간접 경험을 쌓아가는 훈련도 됩니다. 책은 부자가 되는 길을 안내하기도 하지만 가난하게 살 수밖에 없는 인생도 배우게 됩니다. 특히 자신의 가치관을 무시하거나 사랑과 욕망을 구별하지도 못하는 사람은 언제나 조심해야 합니다. 노력하지도 않고 포기부터 하는 사람, 자기 자신은 뒤돌아 볼 줄 모르고 남의 탓만 늘어 놓는 사람, 그런 사람들과 함께 지내면 내가 해야 할 일에 걸림돌이 될 때가 많습니다. 내 생각이 뻗어나가지 못하고 멈추게 하므로 목표지점까지 가는데 더 오랜 시간을 필요로 하게 됩니다. 그러므로 내게 주어진 현실에 충실하려면 마라톤 선수처럼 불필요한 모든 것을 벗어 버려야 합니다. 다시 말하면 불필요한 관계들은 끊고 자를 줄도 알아야 한다는 것입니다.

이 세상에는 언제나 가난하고 눌림 받고, 학대당하고, 소외받는 사람들이 존재 할 것입니다. 세월이 흐를수록 전 세계적으로 힘있는 자의 필요를 요구하게 될 것입니다. 우리는 그때를 대비하여 부자가 되어야 합니다. 10년 전쯤 북한에서 내려온 사람과 대화한적이 있습니다. 북한에 있는 믿음의 형제자매들은 순교자적 신앙이 투철하다고 했습니다. 남한의 성도들이 북한을 도와 줄 일은 경제난을 해소 시키는 일밖에 없다고 했습니다. 부자가 되기 위해 힘을 기르는 것이 아니고 믿음의 형제들을 돕기 위하여 부자가 되어야만 합니다.

　다음은, 주님께서 우리에게 말씀하시는 내면의 소리를 들어야 부자가 됩니다. 어떤 대학 교수님은 학생들을 향하여 "만약 내면의 소리를 듣지 못한다면 여러분은 일생동안 다른 사람이 당기는 줄에 매달려 살게 될 것입니다"라고 말했습니다. 그렇습니다. 혼자 있어도 외롭지 않을 만큼 내면을 주님의 말씀으로 채우고 인격을 키워가야 합니다. 우리의 삶에는 잡다한 소음과 유혹과 경쟁적인 욕구들이 차 있어서 때로는 자기가 누구인지 조차도 모르면서 살아가고 있습니다. 이것은 그 사람에게 예수님이 부재된 상태를 말합니다. 즉 "결여된 관계"입니다. 부자가 되려면 자신의 참된 소리를 들을 수 있도록 침묵하는 법도 배워야 합니다. 그러므로 다른 사람 속에 들어있는 소리도 끌어내어 들을 수 있는 그런 사람이 된다면 더 바랄 것이 없습니다.

　세상이 제 아무리 소란하게 떠들어 대어도 자신의 내면에 조용한 공간이 마련되어 있다면 어디를 가든 누구를 만나든 필요의 사람으로 힘있게 살 수가 있게 됩니다. 세계를 내면에 가득히 끌어안고 살던 인도의 간디는 특출한 학문도, 과학적 재능도 없었다고 합니다. 뿐만 아니라 학위를 받은 적도 없고, 학문적 업적을 수상한 경력조차도 없었다고 합니다. 어떤 선거에 후보로 나온 적도 없었고 공직의 자리에 앉았던 적도 없었다고 합니다. 그러나 그가 일흔 여덟의 나이로 1948년에 타계했을 때는 전세계가 그를 애도했다고 합니다. 눈에 보이는 물질로 부자되는 것도 중요하지만 내면세계를 꽉 채워서 부요를 누리고 뿐만 아니라 나누고 베푸는 일로도 부요해 지는 부자가 되는 것은 더 중요한 것 같습니다.

부자가 부자스럽게 살지 못하면 저주입니다. 그러나 부자가 부자답게 사는 것은 축복입니다. "만일 식물을 인하여 네 형제가 근심하게 되면 이는 네가 사랑으로 행치 아니함이라. 그리스도께서 대신하여 죽으신 형제를 네 식물로 망케 하지 말라 그러므로 너희의 선한 것이 비방을 받지 않게 하라"(롬 14:15-16).

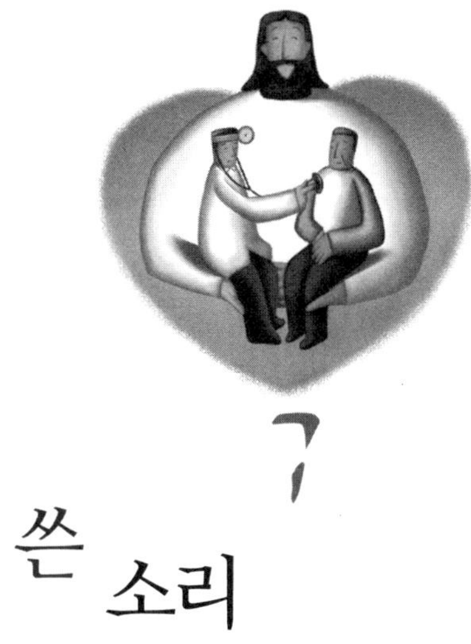

쓴 소리

상담실의 문을 두드리는 사람은 소망이 있고 가능성을 깨달은 사람입니다. 그러나 상담자나 목회자의 레이더망에 잡히지 않은 방황하는 영혼들이 더 많다는 사실을 알아야 합니다. 특히 교회로부터 상처받은 영혼들은 또 다시 교회의 구성원으로 등록되고 싶지 않다는 핑계로 이 교회, 저 교회를 탐색하게 됩니다. 성도들과의 잘못된 교제를 통해 갖는 교회에 관한 인식도 있지만 대다수는 목회자와의 관계라고 합니다. 자기가 편견을 받아서가 아니고 편견하는 목사님의 모습을 보았기 때문이고 때로는 목회자 앞에 서있는 자기가 심판자 앞에 서있는 죄인과 같다는 것입니다. 무엇을 말하는 것입니까? 권위주의라는 교만의 덫에 걸린 목회자들을 통해 받은 상처가 너무나 깊어서 이곳 저곳, 기웃기웃하며 은신처를 찾아 헤매고 있다는 것입니다. 목회자가 권위주의자가 되면 교회 분위기는 다분히 독재 성향을 띠게 되는데 그 성향의 특징은 사랑이 없는 것입니다. 사랑없는 권면은 폭력입니다. 폭력이 싫어서 뛰쳐 나왔는데 또 다른 교회 구성원으로 들어 갔다가 상처받으면 어떻게 하나 하는 두려움으로 신앙적 신종 병을 앓고 있는 것입니다. 이것이 상처받은 자의 잘못된 변명 내지는 개인의 신앙적 인격 문제라고 한다면 상담자로서 할말은 더 없지만 예수님은 이러한 문제를 놓고 어떻게 말씀하실까 생각해 보아야 합니다. 방송 매체를 통해 각종 지면을 통해 작은 자의 소리와 낮은 자에 대한 관심을 가져야 한다고 얼마나 많이 말하고 있습니까?

어느 시대나 예수님께서 택한 제자들은 작은 자였고 약한 자였고 무식하고 가난한 자였습니다. 그러기에 교회는 말합니다. 가진 자 보다는 없는 자의 편이 되어 주겠다고 말입니다. 그러면서도 그렇지 못한 것은 어쩔 수 없는 현실입니다. 전도 전략으로 상품을 내걸고 은근히 다른 교인 데려오기 작전을 펼 때 영적으로 엄청난 혼란을 겪는다고 합니다. 그리스도인은 주님의 뜻을 세우기 위해 날마다 죽어지는 삶을 살아야 한다고 하지만 교회 안에서 덕스럽지 못한 일을 겪을 때마다 갈등하게 된다고 말합니다.

인간을 사랑하여 인간의 몸으로 세상에 오신 주님의 말씀이 아니면 설득 될 수 없는 일들이 다양하게 우리 앞에 대두되고 있습니다. 교회 중심부 밖에서 고통의 앓이를 하며 신음하는 영혼들의 말에 귀 기울여 보면 자기들이 교회 안에서 별볼일 없는 신분으로 부각되면 즉시 관심 밖으로 밀려 나와 어떤 식으로도 대책을 세울 수가 없다고 합니다. 그럼 그들은 버린 자들입니까? 아닙니다. 그들은 여전히 주님 품에 안겨 위로를 받으며 살고 있습니다. 다만 교회 조직의 구성원으로 합류하지 못하고 있다는 것 외에는 …….

그러기에 그들은 많이 아파하고 있습니다. 아니 괴로워하고 있습니다. 언젠가는 그리스도의 강렬한 사랑의 빛이 비춰질 때 교회의 품으로 돌아오리라는 확신을 갖고 기도를 합니다. 오늘날 서방 세계 지도자들은 기독교인들로서 예수님 말씀으로 백성들을 진두지휘 하려고 노력합니다. 반면에 아직도 세속적이고 권위주의 의식을 갖고 있는 성직자들을 보게 됩니다. 성도들을 노예처럼 아니면 고용주와 고용인으로서의 관계로 전락되고 있는 것도 부인할 수 없는 현실입니다. 좀더 폭 넓은 사랑으로 편견없는 자세로 이들을 돌보아 기독교 문화의 수준을 좀더 높여야 하지 않을까 생각합니다. 하나님께서는 능력있는 지도자를 세워 국가 전체의 도덕적인 양상을 변화시키는데 사용하시고 계십니다. 그러기에 영적 지도자는 성경적 교훈으로, 혹은 설교를 통해 성도들에게 감화를 주어야 합니다. 혹은 지도자 입장에서 집사

나 장로를 통해 목회의 권리를 침해당하거나 흔들리고 있다면 자신의 영적 자질에 문제가 있음을 인정해야 합니다. 지적인 자만심으로 세련된 말만 사용하므로 평범한 성도들과 함께 공유하지 못한다면 그 또한 문제 중에 문제입니다. 더 깊은 영성으로 준비되지 않은 채 사역에 임하면 하나님께서 그 책임을 물으실 때가 반드시 옵니다. 지옥의 영들은 죄와 마귀와 사단을 이용하여 우리가 상상할 수 없는 집단을 이루어, 할 수만 있으면 그 집단 속으로 끌어 들이려고 갖은 수법을 다 동원하고 있습니다. 거기에 비하여 의와 진리로 무장하고 천국을 향한 소망으로 달려가는 성도들의 삶을 보면, 지도자가 방관적이거나 소극적인 자세를 가지고 임할 때 매우 안타까움을 느낍니다.

2002년 6월 19일자 신문에 축구 감독 히딩크의 용병술을 읽은 적이 있습니다. 우리나라가 이탈리아 전에서 막판까지 이르렀을 때 히딩크는 손을 들고 외쳤다고 합니다. "전쟁이란 다음은 없다, 패하면 죽음이다. 어차피 죽을 목숨이라면 죽기를 각오하고 살길을 찾아야 한다."

변명보다는 차라리 죽음을 각오하라는 히딩크의 용병술입니다. 나는 전도자로서 이 글을 읽으며 많은 생각을 하게 되었습니다. 그렇습니다. 세상은 악과 선의 전쟁터입니다. 나의 신분과 위치가 확인되었다면 목숨을 걸어야 합니다. 갑자기 말씀이 생각납니다. 갈멜산에 선 엘리야가 외치는 말, 바알 선지자, 아세라 선지자 도합 850인을 백성들 앞에 세우고 엘리야가 외치는 말은 백성들을 향하여 "너희가 어느 때까지 이 두 사이에서 머뭇머뭇 하려느냐." 바알이냐 하나님이냐 분명한 길을 선택하라는 것입니다(왕상 18:20-24). 사단의 영과 하나님의 영은 본질적으로 화해할 수 없는 적대감 속에서 대치 상태로 살고 있는 것입니다.

만약 그리스도인이 중립을 지키면 안락하게 살 수는 있습니다. 그것은 부딪칠 일이 없기 때문입니다. 위장된 거룩함으로 이웃을 속이고 자기 목적을 이루어 낼 수 있기 때문이기도 합니다. 그러나 분명하게 하나님 편에 서게 되면 적과 공개적으로 전쟁을 치루어야 합니다. 그 싸움은 아주 치열합니다. 실제적인 상황으로 세상에 존재하는 한 끝없는 싸움입니다. 오늘날 영적 지도자들이 세상을 운동장쯤으로 생각한다면 큰 착각입니다. 그리스도인에게는 세상이 전쟁터입니다. 죽느냐, 사느냐, 먹느냐, 먹히느냐의 치열한 전쟁터라는 것을 잊지 않아야 합니다.

천국에 소망을 두고 세상 법을 뛰어넘어 하늘나라의 법을 지키려 할 때 수 많은 덫들이 가로막고 방해를 하므로 그것을 뚫고 나가는 길이 바로 영적 싸움입니다.

그래서 기독교는 배우고 가르치는 것 보다 더 중요한 것이 믿고 의지하는 일입니다. 주님을 믿는 그 믿음이 확고하지 않으면 날마다 피투성이로 세상을 헤매고 다니게 될 것입니다. 바다를 항해할 때 꼭 필요한 것이 나침판입니다. 천국과 지옥의 두 터널을 분별하고 나가야 하는 우리에게 꼭 필요한 것은 나침판과 같은 영적 리더입니다. 영적 리더는 성도를 생명으로 보기 때문에 소중히 다루어 줍니다. 의사가 환자를 생명으로 볼 때 소중하게 다루게 되고 기업가가 고용인을 생명으로 볼 때 함부로 취급하지 않습니다. 정치가가 백성을 생명으로 본다면 권력의 희생물로 이용하지 않을 것입니다.

오늘날 잘못된 영적 리더들에 의하여 그리스도의 진리가 변형되는 것을 보게 됩니다. 다시 말해서 그리스도를 자신의 조력자로 만들어 가는 유형이 있다는 것입니다. 주님께서 언제까지 속아 주실지 의문입니다. 사람들은 생리적으로 당당하고 힘있는 자 앞에 같이 있고 싶어합니다. 망설임 없이 자신 있게 행동하는 사람을 의지하고 싶어합니다. 영적 리더는 그런 힘을 길러야 합니다. 자신의 정신적 존재 가치를 주님을 믿는 믿음으로 당겨 줄 수 있고 잡아 줄 수 있어야 합니다.

어느 정신 상담학 박사께서 "사람은 정신의 안식처가 있으면 어떤 위기도 극복할 수 있다"라고 말했습니다. 만약 부모가 정신적 지주가 되어 준다면 그 자녀는 절대 잘못된 길로 가지 않는다는 것입니다. 당연한 말씀입니다. 영적 지도자로부터 내면 세계만 안정되게 잡아 줄 수 있다면 어떤 외부로부터 오는 침입이나 더 무서운 폭풍이라 해도 얼마든지 뚫고 나갈 수가 있습니다.

또 다른 쓴 소리는 리더로서 지켜야 할 덕목입니다. 자기 영성이나 자기가 알고 있는 지식을 절대화하지 말자는 것입니다. 무관심보다, 증오보다 더 무서운 것이 자기 지식의 절대화입니다. 그것은 자기 안에 우상을 만드는 행위가 되기 때문입니다.

영적 지도자로서 조심해야 할 일 중 또 다른 하나는 사랑이라는 말입니다. 왜냐하면 말과 행동이 일치하지 않을 때 상처로 남기 때문입니다. 내가 박해받지 않는 것은 복음을 전하기 위해 좀더 적극적이지 않기 때문이고 내가 불편하지 않게 사는 것은 베풀지 않았기 때문입니다. 방송 설교나 신문지상을 통해 사랑이라는 말을 많이 듣고 있지만 막상 그들과 부딪쳐 보면 여전히 마음은 허전하다고 합니다. 교회는 다니고 있지만 중심부 밖으로 밀려 나온 영혼들의 외침입니다. 그들은 눈물을 흘리는 것이 아니고 삼키고 삽니다. 그들은 아픔을 감춥니다. 그 아픔을 드러내므로 인해 또 거절당하지 않을까 염려하는 마음으로…. 그들은 적극적이지도 못합니다. 물론 나서지도 않습니다. 누군가 찾아 올 때까지 기다리고 있습니다. 누가 그들을 찾아가야 할까요?

복음 들고 외치는 자는 박해받는 것을 최대 영광으로 알고 뛰어 나가 빛을 발해야 합니다. 찾아 나서야 합니다. 그렇게 할 때 때론 어설프게 믿는다는 사람들을 통해 핍박이 오기도 합니다. 조롱과 비웃음으로 흔들어 넘어뜨리려고 합니다. 그러나 그러한 고난의 용광로에 자주 달구어진 지도자는 그곳으로부터의 극복을 위해 무단히 싸웠기 때문에 수많은 진리를 알게 되므로 삶의 방향을 찾아 살아가는 지혜가 있게 됩니다(요8:32). 가나안 땅을 이스라엘 백성들에게 분배할 때 레위 지파는 몫이 없었다고 했습니다. 그러나 하나님께서는 레위 지파에 대하여 말씀하시기를 "나는 이스라엘 자손 중에 네 분깃이요 네 기업이라." 하나님께서 레위 지파 기업이 된다고 하셨습니다. 하나님을 자기의 보물로 삼는 사람은 만물을 소유한 자입니다. 만물을 소유한 지도자는 누가 자기보다 더 위대한지에 관하여 전혀 관심이 없게 됩니다. 세상 명성이 얼마나 무가치한 줄을 이미 터득했기 때문입니다. 밀은 가라지와 함께 자라고 양은 염소와 공존하며 살고 있지만 때가 되면 구분이 될 것입니다. 가라지는 태워지고 밀은 곡간으로 들여지듯이 그리스도인은 그때를 바라보고 길이 참고 인내하는 것입니다. 선한 양심을 보존하고 은밀한 헌신으로 값을 치루고도 세상에 알려지지 않은 숨어 있는 지도자들이 있기에 세상은 그래도 의미있게 돌아가고 있습니다. 장차 영혼의 비밀을 밝히는 날이 오면 숨어 행한 일에 대한 보상을 반드시 받게 될 것입니다.

8

용서와 회개

누군가 말했습니다. 세상에서 제일 실천하기 어려운 것 두 가지를 들라고 한다면 첫째가 죄를 안 짓는 일이고 둘째가 내게 상처 준 사람을 용서하는 일이라고 했습니다. 그렇습니다. 죄 안 짓는 것도 어렵고 용서하는 일도 만만치 않은 일입니다. 그렇다고 전혀 답이 없는 것도 아니라는 것을 말씀드리고 싶어 서두로 꺼냈습니다. 먼저 남을 용서할 일 제쳐 놓고 내가 용서받아야 할 일은 없는지 세어 보아야 합니다. 더 나아가 용서받을만한 죄를 지은 일은 없는지 자신을 돌아보고 살피는 일입니다. 의인은 없나니 하나도 없다고 하시며 모든 사람이 죄를 범하였으매 하나님의 영광에 들지 못한다고 말씀하셨습니다. 인간의 인격은 자신이 죄인이라는 것을 아는 데서부터의 출발이고 죄인이기에 용서의 필요를 느끼는 데서부터 주님과 관계가 이루어 집니다. 용서하기 위해 해야 할 일은 죄의 고백 즉 회개 입니다. 회개의 문을 열고 들어가면 주님으로부터 긍휼히 여김을 받는 단계로 또 하나의 관문을 열고 들어가게 됩니다.

불법을 사하심을 받고 그 죄에 가리움을 받는 자는 복이 있다고 했고(롬 4:7-8) 허물의 사함을 얻고 그 죄에 가리움을 받는 자는 복이 있다고 했습니다(시 32:1). 이미 축복의 길에 들어서게 된 것입니다. 그러므로 그는 용서하는 것이 아니고 용서할 수 밖에 없는 상황으로 용서하게 되는 것입니다. 이러한 기본적인 신앙의 가치관이 정립되지 않았다면 용서의 삶을 살기가 어려울 수밖에 없다는 말씀입니다. 엄청난 죄를 탕감받은 기쁨이 있기에 다른 사람의 잘못을 이해하고 받아들이게 되는 것입니다. 결국 내가 용서하는 것이 아니고 용서할 수 있는 길로 인도를 받게 된다는 원리입니다. 용서는 참으로 강도 높은 삶입니다. 그러기에 바울도 그 사랑에 잡힌바 되어 그것을 잡으려고 쫓아 간다고 했고 하나님이 위에서 부르신 부름의 상을 위하여 쫓아 간다고 했습니다. 바울은 그리스도의 그 사랑에 초점을 맞추고 모든 기대와 시선을 하늘에 두었다고 했습니다. 우리의 삶을 뒤돌아 봅니다. 용서와 사랑으로 사는 것보다 불평과 원망은 없었는지, 이웃을 도와 주어야 하는 일 보다는 도움 받아야 하는 일에 귀기울였던 것은 아니었는지! 주변 사람은 어떻게 지내든지 나만 즐겁고 평안하면 된다는 식으로 살지는 않았는지 생각해 보아야 합니다. 나는 나로서의 책임감을 가지고 살았어야 함에도 불구하고 다른 사람에게 떠밀어 버리고 자신을 기만하며 살지는 않았는지! 때로는 내 안일을 위해 희생이나 헌신을 요구하며 살지는 않았는지, 생각하면 두려움이 앞서게 됩니다. 회개하지 않고 은혜를 제대로 받은 적 없고 회개하지 않은 사람이 용서하는 것 못 보았습니다. 용서와 회개는 천국으로 들어가는 첫 관문입니다. 첫 관문을 열지 않고 중간 문을 뚫고 들어갈 수는 없습니다. 교회에 다니지만 회개라는 단어가 생소하게 들린다고 합니다. 인기에 치중하는 교역자들이나 리더들이 거부당하거나 거절당할 일에 대비하여 좋은 게 좋다고 하면서 지나친 교육은 간섭이고 인권침해라는 말로 적당하게 얼버무리고 주님께 떠넘기는 일이 비일비재합니다. 간교한 술책으로 꾀를 부리며 우리의 인격을 짓누르고 짓밟는 악의 세력을 이기는 길은 오직 회개입니다. 다시 말해서 악의 세력이 나를 참소하지 못하게 하는 것이 회개입니다. 회개하게 되면 영적인 눈을 뜨게 됩니다. 가정을 파괴하고 사업을 망가뜨리려는 사탄의 음모를 물리칠 수 있는 길이 회개입니다. 회개는 악한 영과 분리 됩니다.

회개하므로 영적인 눈을 뜨게 되면 모든 악을 점령하게 되고 뿐만 아니라 다스릴 수도 있게 됩니다. 속아 줄 수는 있어도 속고 살지는 않는다는 말씀입니다.

지금 이 시대는 도덕적 책임을 물을 수 없는 현실 속에 매여 있습니다. 동물적 시대 속에 살고 있음을 주시해야 합니다(전 3:18-19). 사람이 짐승보다 뛰어남이 없으면 모든 것이 헛되다고 했습니다. 무슨 말입니까? 영적인 눈을 뜨지 않고는 창조주를 알지 못하며 살아남기가 점점 더 힘들어 진다는 말씀입니다.

복음은 철학이나 사상이 아니고 실존입니다. 실존적 삶의 승리를 위해 영적인 눈을 뜨고 분별하며 살아야 합니다. 용서와 회개는 무엇이 먼저이든지 다 중요합니다.

회개하면 하나님과의 관계가 연합됩니다.
회개하므로 자신의 존재를 깨닫게 됩니다.
회개하게 되면 세상에 큰 의미를 두지 않습니다.
회개하면 그리스도가 내 것이 아니고 내가 그리스도의 것으로 살게 됩니다.

그러므로 회개한 사람은 의식이 바뀌어집니다. 남을 위해 기도하는 것이 결국 자기를 위함인 줄 알게 됩니다. 원수가 문제 아니고 원수를 끌어안지 못하는 자기가 문제임을 알게 됩니다. 지금까지 보고 느꼈던 모든 사물들이 자신으로부터 비롯되는 것임을 알게 되므로 온 세상을 품을 만큼 가슴이 넓어집니다. 그러므로 용서는 사랑을 완성시키는 내적 투쟁입니다. 용서가 없는 사람은 진정한 크리스천이 아직은 아닙니다. 자기가 용서받은 것을 헤아리면 용서가 가능합니다. 교만했던 나, 미워했던 나, 원망불평으로 일삼고 내 죄는 실수지만 남의 죄는 범죄라고 타협했던 나, 칭찬도 거절하지만 비난도 받지 않으려고 침묵했던 나, 어느쪽 편도 아니라고 우유부단했던 비굴한 나 그 모든 것들이 다 죄입니다. 그 죄를 용서받은 나를 계수한다면 무엇이 문제가 되겠습니까?

인간이 할 수 있는 일은 오직 주님과 바른 관계를 맺는 일입니다. 주님은 우리에게 원수를 사랑하라 하셨지만 그렇게 할 수 있도록 인도하시는 주님이셨고 그 어떤 열심도 주님 안에서만 가능하다는 것을 알게 되었습니다. 단 자신의 의지를 깨뜨리고 버리는 작업을 시작했을 때부터……

즐겨 사용하던 습관을 버린다는 것은 고통입니다. 자기의 권리를 포기하고 자신의 명예를 초개같이 버릴 때 비로소 주님께서 모든 것을 대신해 주십니다. 때로는 신앙 생활을 잘 해 보겠다는 노력까지도 자신이 주체가 된다면 문제가 됩니다. 혹 다른 사람을 대할 때 냉정하거나 딱딱한 태도를 취하는 것도 자기 과시형에 속한 것이고 지나친 수줍음이나 자기 보존을 위한 것도 알고 보면 자신의 주체로부터 기인된 것이라고 합니다.

주님이 십자가에 매달려 깨지고 채찍 맞아 죽으신 것은 우리들에게 죽어야 됨의 동기를 만들어 주는 요인입니다(빌 2:6-8). 성도의 죽는 것을 귀중히 여긴다고 하셨습니다. 뱀은 건드리면 머리를 빳빳이 들고 공격하려 합니다. 그러나 벌레는 건드리면 온몸을 움츠리고 밟혀 죽습니다. 그러기에 벌레같은 사람이 되어 밟으면 밟혀 죽어야 합니다. 우리의 자아를 꾸준히 죽이면서 하나님께로 나가는 생활을 생활화해야 합니다. 그러므로 말미암아 용서와 회개는 신앙의 부흥으로 이어집니다. 앤드류 머레이는 "물이 낮은 곳으로부터 채워지듯이 당신이 낮아지고 마음이 비어지면 바로 하나님의 능력으로 가득하도록 부어 주신다"라고 말합니다.

누군가 나에게 성령 충만 하느냐고 묻는다면 그렇다고 자신 있게 대답할 만큼 흘러 넘쳐야 합니다. 이것이 신앙의 부흥입니다. 지나친 겸손은 오히려 교만을 불러 일으키게 합니다.

정당한 일에 방어하는 것도 우리의 심령을 더럽히는 죄로부터 기인되었기 때문입니다. 신앙 부흥은 철저히 죄와 단절되어야 합니다. 때리면 맞아주고, 버리면 당해 줍니다. 그때 주님은 손을 펴 그 모든 일에 심판자로 오십니다. 심판자로 오셨을 때 한 사람은 위로받고 한 사람은 두려워 떨게 됩니다. 억울하게 당하고 산 사람은 "아멘 주 예수여 오시옵소서"(계 22:20)라고 말할 수 있지만 남을 억울하게 한 사람은 "아직은 아닙니다 조금 더 있다 오십시요 내가 회개하고 난 후 오십시요"라고 변명을 늘어 놓게 될 것입니다. 그러나 성경은 "생각지 않은 날 알지 못하는 시간에 그 종의 주인이 이르리니"라고 했습니다(마 24:50).

　수도 없이 짓눌리고 외면당하고 배신의 삶을 살았다 해도 인간으로서 어떻게 해 볼 수 없는 현실 앞에 주저앉아 울고 또 울었다 할지라도 자신의 모든 것을 주님 손에 맡겨 드리므로 평정을 얻게 됩니다. 마음에 평안을 주신 것입니다. 심령 부흥의 또 다른 단계로 성장하게 된 것을 말합니다. 그는 억울하지만 침묵했습니다. 그러기에 주님의 재림을 기다립니다. 그 침묵 속에서 주님과만 교통합니다. 그리고 주님의 음성으로 위로를 받게 됩니다. 그 주님과의 만남의 자리는 황홀함 그 자체입니다. 그 무엇으로도 바꿀 수 없는 환희입니다.

　이러한 삶은 용서가 주는 축복입니다. 고난은 내 영혼을 정결케 하였다는 고백이 이루어집니다. 고난의 길을 가면서 내 안에 불순물을 찾았고 그 불순물을 깨뜨리고 부숴버리는 회개의 길을 걸었으며 회개의 길목에서 용서와 사랑을 알게 되었습니다. 그러므로 영적 심오함으로 안내를 받게 되니 자연스럽게 심령의 부흥을 얻게 되었습니다. 주님과 독대할 수 있는 자리까지 안내를 받게 된 것입니다. 그 자리에 서 있는 영혼은 세상에 있는 어떤 것으로도 흔들지 못합니다. 폭풍으로 광풍으로 흔들어 넘어뜨리려 해도 결코 넘어지지 않습니다. 그는 묵묵히 십자가에 매여서 오직 한 길 골고다를 향해 걸어갈 뿐입니다.

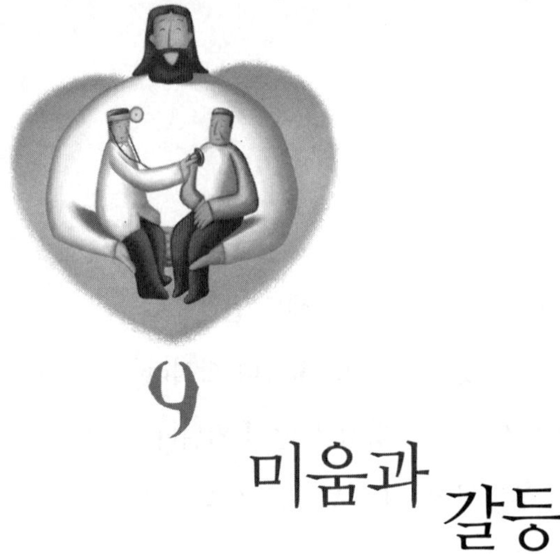

9
미움과 갈등

모든 사람들이 추구하는 행복의 출발지는 가정으로부터 시작됩니다(잠 14:1). 반대로 불행의 출발지도 가정으로부터 입니다. 가정이 따뜻하다고 말할 수 있다면 그는 사회를 아름답게 가꾸어가는 천사일 것입니다. 뿐만 아니라 따뜻한 가정의 사랑은 병마의 세포를 물리쳐 주므로 튼튼하고 건강한 삶을 유지할 수 있게 합니다. 국가나 사회가 요구하는 것도 화평하자는 것입니다. 그래서 내어놓는 것들이 문화, 예술, 경제교류, 스포츠 등입니다. 그러나 그러한 것들이 겉으로만 화평이지 그로 인하여 오히려 전쟁을 불러 일으키는 일들이 부지기수입니다. 인간의 지식과 지혜를 모아 화평케 하기 위하여 그토록 힘쓰고 있지만 급기야는 나라가 나라를 대적하고 분쟁하므로 온 인류는 몸살을 하고 있습니다.

지금도 여전히 주님께서 말씀하십니다.

* 너희는 가서 모든 족속으로 제자를 삼아 아버지와 아들과 성령의 이름으로 세례를 주고 내가 너희에게 분부한 모든 것을 가르쳐 지키게 하라. 내가 세상 끝날까지 너희와 항상 함께 있으리라(마 28:19-20).

모든 인류가 십자가 사랑을 깨닫고 그 사랑의 원리로 살아간다면 바로 그것이 천국이 되는 것입니다. 마찬가지로 내 가정의 모든 가족들이 십자가 사랑을 알고 삶에 적용하게 되면 그 가정은 천국이 됩니다. 서로의 요구 조건이 충족되기 때문입니다. 십자가 사랑은 완벽을 요구하는 것이 아닙니다. 십자가 사랑은 정직을 요구합니다. 십자가 사랑은 어그러진 인간 관계를 바르게 정리해 줍니다. 십자가 사랑은 악의 수치를 순화시켜 평온 수치를 유지하게 합니다. 십자가 사랑으로 잘못한 것을 인정할 만큼 정직의 자리로 가게 하는 것은 심리적으로 안정을 누릴 수 있을 만큼 더 큰 소망을 기대하는 격려가 있기 때문입니다.

종교 신문을 읽다가 충현교회 민종기 목사님의 글을 읽게 되었습니다. 그분의 마음을 순화시킨 사랑의 기억이라는 글이었습니다. 엄마의 사랑을 동생에게 빼앗기고 할머니의 사랑으로 가득히 채우고 살았다는 것과 군대가서 장교 생활을 했지만 제대할 때 연락도 없이 민종기 목사님 부친께서 오셔서 참석하셨는데 그때 무척 당혹한 적이 있었다고 했습니다. 그러나 그 내면에 숨겨진 부모님의 그 사랑이 목사님의 마음을 순화시켜 주었다는 내용이었습니다. 일찍 부모님을 잃고 고아로 살아온 나로서는 참으로 부럽다는 생각을 잠시 하게 되었습니다. 그러기에 인간의 자아상은 국가나 사회가 아니고 바로 가정의 문화가 만들어 낸다는 것을 또 한번 실감해 봅니다.

에덴 동산을 창설하시고 아담과 하와를 빚어 만드신 후 심히 좋았더라고 하신 하나님은 국가나 사회가 형성되기 전 남자와 여자로 묶어 한 가정을 이루게 하셨습니다. 그리고 그 가정을 통해 오늘날 전세계가 이루어졌다면 가정의 소중함은 당연한 일이라 생각합니다. 상담을 하는 분들의 요지와 내용을 살펴보면 삶의 균형이 어그러져 피차 화음이 맞지 않습니다. 상대의 요구에 응하려는 자세 보다는 자신의 요구에 응하지 않는 상대를 탓하고 나오는 것입니다. 그러기에 그들은 서로 대화가 단절됩니다. 외롭게 됩니다(잠 18:1). 외로울수록 더 두꺼운 병풍을 치고 자신의 방어에 급급합니다. 남편은 아내가 모르게, 아내는 남편이 모르게 살아야 하는 것을 미덕으로 알고 비밀스럽지도 않은 일을 비밀스럽게 감추고 자기 감정을 억누르고 참아 내려고 힘쓰고 애를 쓰기도 합니다. 그로 인하여 미움은 더 커지고 갈등과 번민으로 점점 더 깊은 어둠 속으로 들어가는 것입니다. 그것으로 끝나지 않습니다. 그렇게 빚어지는 인격을 통해 국가나 사회는 어지러워집니다. 건강하지 못한 가정 생활은 하나님의 능력을 기대할 수도 없거니와 오히려 사단의 침범을 기회로 주는 일이 됩니다. 우리는 십자가 사랑을 본받아 투명한 삶을 살아야 합니다. 십자가는 사람을 정직한 길로 인도해 주십니다. 정직한 길을 가는 사람은 사랑을 아는 사람입니다. 사랑을 아는 사람은 분노를 쉬게 합니다. 무례한 행동도, 악한 생각도 하지 않습니다. 자신을 과대평가하거나 자기 생각이 옳다는 독선에 빠져 함부로 남을 판단하는 그런 행위도 하지 않습니다. 그래서 우리는 사랑의 사람을 만나는 것을 행운이라고 합니다.

미움과 갈등의 문제는 인간의 힘으로 할 수 없다는 것을 알아야 합니다. 오직 십자가 사랑에 굴복해야만 넘어가는 관문입니다. 내가 지은 죄로 인하여 예수님께서 그 무서운 형벌을 받으셨다는 사실이 내 앞에 현실로 느껴졌을 때, 골고다 언덕에서 처형된 예수님 죽음의 일이 내 사건으로 받아 들여질 때 용서하지 못할 일이 없습니다. 상처로 인한 미움의 감정을 용서로 털어버리지 않으면 결국 그 악이 내 인격을 점령하여 영적인 삶의 고갈을 가져오게 합니다. 용서하지 못하는 무거운 짐이 강박감에 사로 잡히게 하여 무기력한 삶으로 이끌어 갑니다. 영적 고갈이란 하나님으로부터 공급받는 통로가 차단되어짐을 말합니다. 그러기에 용서라는 것은 그 통로를 열어가는 길이기에 자신에게 안겨주는 소중한 선물이 됩니다. 미움은 독소를 뿜어 냅니다. 그 독소로 인하여 자신뿐만 아니라 관계된 사람들까지도 여러 가지 질병을 가져다주기도 합니다. 주님께서는 말씀하셨습니다. "분을 품고 날을 넘기지 말라!" 해가 지기 전에 털어 버리라는 말씀입니다.

미움을 해결하는 방법 중 또 하나는 내가 받은 상처보다 더 큰 주님의 사랑을 체험하는 길입니다. 그 주님의 사랑을 체험하기 위해 수많은 성도들이 집회 장소를 찾고 기도원으로 골방으로 헤매는 것입니다. 인간의 인격으로 이해하고 동정하는 것은 용서라는 근본적인 문제를 해결했다고 해도 생활이 어려워지거나 개인적인 문제가 대두되었을 때 다시 과거로 돌아가는 경우가 많습니다. 다만 주님의 사랑으로 내면이 채워졌을 때 심령의 상처가 완전히 치료가 되어 다시 돌이킬 수 없을 만큼 깨끗한 감정으로 살아가게 됩니다. 다시는 과거를 기억지도 않고 생각지도 않는다고 약속하신 말씀이 그대로 적용이 되어 완전한 자유가 주어졌기에 용서하는 일이나 사랑하는 일이 어렵지 않게 됩니다. 그토록 십자가 사랑을 절대 가치로 두고 살게 되면 날마다 자기를 발견하게 되므로 용서의 폭이 넓어집니다. 큰소리로 기도하거나 성경을 줄줄 암송하거나 많은 시간을 드려 기도하는 일을 비롯하여 작정기도, 금식기도 등을 하는 것만 능력이 아니고 용서의 폭이나 사랑의 폭이나 인내의 폭을 얼마나 활용하며 주님의 영광을 위해 내가 얼마나 낮아지고 투명한 삶을 사느냐에 따라서 능력이 배가 됩니

다. 행여 내가 받은 상처가 미워하는 감정보다 크다고 생각한다면 용
서의 기회는 주어지지 않습니다. 받은 상처로 미운 감정을 품는 것은
당연한 일이라고 결론부터 내린다면 그 삶은 악의 순환이 됩니다. 용
서는 사랑을 완성 해가는 내적 전투입니다. 옛사람을 벗어버리고 오
직 심령으로 새롭게 되라고 했습니다(엡 4:22). 옛사람은 용서하지 못
하지만 그리스도로 새사람이 되면 용서할 수 있게 된다는 말입니다.
누가복음 6:27 이하의 말씀은 원수를 어떻게 사랑해야 하는지 자세하
게 말씀하고 있습니다.

미움으로부터 오는 심령의 갈등은 반드시 본인에게서 찾아야 합니
다. 나를 아프게 하는 자의 입장을 그럴 수 밖에 없는 상황으로 받아
들이게 되어야만 합니다. 아직도 원수가 눈앞에 보인다면 내면의 상
처가 남았다는 증거입니다. 성령으로 충만해지면 원수가 보이지 않기
때문입니다. 성령으로 인하여 자신의 내면에 감추어진 원수를 발견하
게 되므로 상대에 대한 미움의 감각을 느낄 수 없게 됩니다. 그래서
각 사람에게 성령을 선물로 주시는 것은 우리를 유익하게 하기 위해
서입니다. 성령은 우리를 모든 진리 가운데로 인도해 주십니다(요
16:13). 사랑 안에는 두려움이 없고 온전한 사랑은 두려움을 내어 쫓
습니다. 성령을 통해 온전한 사랑을 부어 주어 미움이나 갈등을 해결
하게 하십니다(요1서 4:18). 다시 말하자면 미움은 주변 사람들까지
분노를 일으키게 합니다. 피차 집중력을 잃어버리게도 합니다. 마치

늙은 고양이가 소리를 내면 쥐들은 꼼짝 못하고 움직이지도 않듯이 미움을 품은 악은 상대의 자유를 압박하는 행위가 됩니다. 악의 공격으로 압박을 받게 되면 자기 개발이 묶여지게 되고 자기 개성이 깊은 함정에 빠져 무기력하게 됩니다. 한편 사랑을 받으면 재능이 개발됩니다. 화초가 태양을 향해 번식하듯이 사랑은 묶여진 사슬을 풀어 한껏 자유케 합니다. 하나님은 우리에게 주어진 삶을 최대한 활용하므로 이익을 남기는 멋진 인생을 살기를 원합니다. 아무튼 미움이란 놈은 우리를 어지럽게 만들어 여러 가지 각종의 병마를 가져다 안겨 줍니다. 우울증, 대인 기피증, 무기력증, 피해 망상증 등.

사랑은 이미 우리를 십자가 밑에 고개 숙이게 합니다. 자신의 유익보다 타인의 유익을 위해 관용과 용서로 깨끗이 씻어 주는 삶을 살아가게 합니다. 예수님께서 우리를 위하여 그의 권리를 포기하신 것 같이 우리도 우리의 권리를 포기하므로 사랑하게 합니다. 그토록 갈보리 십자가 언덕에서 부서진 심령은 어떤 경우 어떤 사람과도 아름다운 교제를 이룰 수가 있습니다. 자신의 권리를 포기하는 것은 부서진 심령이라는 뜻입니다. 부서진 심령은 구리와 같습니다. 어느쪽이든 자유롭게 걸어 놓을 수가 있습니다. 마치 소금과도 같습니다. 자기 존재를 녹여 주므로 전체의 맛을 책임지게 됩니다. 한가지 더 예를 들면 윤활유와도 같습니다. 주님께서 우리를 부르시는 목적은 주님 나라 건설을 위해 함께 협력할 수 있는 재료가 되라는 것입니다. 우리의 마음에 미움의 장벽이 아직도 남아 있다면 아무리 작은 것이라 해도 그로 인하여 하나님과 장벽이 있게 됩니다. 그 장벽마저 무너뜨리지 않으면 점점 더 두꺼운 장벽이 되어 마치 벽돌처럼 굳어 버릴 수도 있습니다. 우리는 용기 있게 미움의 마음을 펼쳐서 사랑의 빛으로 조명을 받아야 합니다.

"저가 빛 가운데 계신 것 같이 우리도 빛 가운데 행하면 우리가 서로 사귐이 있고 그 아들 예수의 피가 우리를 모든 죄에서 깨끗게 하실 것이라" 했습니다(요일 1:7). 빛은 어둠을 드러내게 합니다(엡 5:13). 어둠에 속한 것들이 쌓이게 되면 사망의 함정을 파는 행위가 되는 것입니다. 참되지 않은 일, 겉치레, 복잡한 이중생활, 눈속임, 자기 변명, 이웃을 향한 비난, 마약, 음란, 탐욕, 원망, 불평, 책임전가, 자학, 자기 비하, 자기 연민 등등.

미워할 수밖에 없다는 핑계를 들고 나오게 되면 미움을 해결하기가 점점 더 힘들어지게 됩니다. 어떤 동기로 미움이 시작되었든지 미움을 발견한 그 순간 즉시 용서라는 무기와 사랑이라는 무기로 뿌리까지 뽑아버리는 작업을 해야 합니다. 누군가를 미워한다는 것은 하나님의 주권에 대한 침해입니다. 인간은 하나님의 창조물이기 때문에 미워할 권리가 우리에게 전혀 없습니다. 서로 귀히 여기고 살아야 할 의무만 있는 것입니다. 하나님께서 제정해 주신 주일은 그 모든 짐을 털어 버릴 수 있는 날이 됩니다. 우리의 복잡한 삶을 끊어 버리고 털어 버릴 수 있는 날을 주시고 하늘의 신령한 은혜를 마음 가득히 채울 수 있는 날을 주신 것이 주일이라고 합니다. 주일만 잘 지키고 살아도 미움의 문제를 해결하기는 어렵지 않습니다. 하나님 앞에 예물을 드리다가 형제에게 원망 들을 만한 일이 생각나거든 그 예물을 놓아두고 먼저 형제에게 가서 화해를 하고 그리고 하나님께 예물을 드리라고 했습니다. 그것은 주일을 깨끗하게 맞이하는 행위가 됩니다. 우리가 일상 생활에서 용서와 미움의 담을 쉽게 드나들고 갈등하지만 그 갈등은 한 주간으로 족하다는 것입니다. 용서라는 것이 상대에게는 관용이지만 자신에게는 눈물입니다. 그 억울한 눈물의 보상은 나를 위해 십자가 지신 예수님께서 책임지시겠다고 약속해 주셨습니다. 그 약속을 믿고 바라는 것이 그리스도인의 생활입니다.

어떤 경우의 사람들은 조금만 건드려도 아주 쉽게 미움으로 반응합니다. 그리고 내가 미워하는 것은 당연한 일이라고 해명을 늘어 놓고 고집을 부립니다. 어린 아이의 신앙을 뛰어 넘지 못한 행위입니다. 육신에 속한 자는 시기와 분쟁이 있다고 했습니다(고전 3:1-3).

미움의 문제를 해결한다는 것은 마치 죽음과 같은 고통을 치루어 내야 하는 희생을 요구합니다. 주님께서는 우리를 위해 그렇게 하셨습니다. 그 놀라운 사랑을 깨닫게 되면 용서의 문은 쉽게 열립니다. 주님의 사랑을 깨닫고 나면 용서하는 일에 이유를 달지 않습니다. 다만 용서의 기회가 주어진 것에 감사할 뿐입니다. 그러므로 그는 참 자유자요 해방자가 됩니다. 누군가를 미워하고 있다는 것은 그 순간부터 미움의 노예로 묶여 있다가 주님의 십자가 사랑의 원리를 깨닫고 탈출하므로 인하여 자유하는 것이 바로 출애굽이라고 합니다. 바로 왕이 이스라엘 백성을 내어 주기까지 얼마나 끈질긴 실랑이를 하였던 가를 짐작해 볼 수 있습니다. 우박 재앙이 내렸을 때도 바로는 아론을 불러 이스라엘을 내어 줄테니 제발 재앙을 끝내라 했습니다(출 9:27-29). 모세가 하나님께 기도하므로 재앙이 끝나자 다시 돌변한 바로였습니다. 미움을 조종하는 바로가 쉽게 손들지 않는다는 것을 말해 줍니다. 그러나 우리는 끝까지 싸워 탈출해야만 합니다. 애굽은 우리를 끝까지 노예로만 살게 합니다. 미움이란 애굽을 탈출해 나오면 그때부터 완전한 자유를 누리며 저 천성을 향하여 달려가는 것입니다. 우박 재앙 이후로도 변개하는 바로의 행동으로 인하여 메뚜기 재앙, 흑암 재앙이 내렸으나 강퍅한 바로의 마음이 이스라엘을 보내기를 즐겨하지 않으므로 드디어 장자 재앙을 선포하신 것입니다(출 12:1-12).

어린양의 피를 문설주에 바르므로 이스라엘의 재앙은 넘어갔지만 애굽 전역에 장자가 죽는 재앙이 내리므로 바로가 모세와 아론을 불러 떠날 때 떠나더라도 자기를 축복해 주고 떠나라고 하였습니다(출 12:31-36). 미움을 버리면 내가 못난 것 같고, 어리석은 것 같고, 작아지는 것 같지만 그 미움을 버리므로 말미암아 더 많은 것을 취하게 되고, 누리게 되고, 완전한 자유가 보장됩니다. 그것이 그리스도인의 생활입니다.

10 선택 받은 자를 향한 하나님의 관심

　주님은 주님의 사람들이 세상에서 풍성한 삶을 살기를 원합니다(요 10:10). 그리고 두려움에서 자유케 되기를 원합니다(요 14:1). 언제나 우리의 필요를 늘 채워 주시기 원하십니다(벧전 5:7).

　그래서 내가 부르기 전에 말하기 전에 응답해 주십니다(사 65:2-4). 언제든지 우리의 피난처가 되어 주시고 위로자가 되어 주십니다(시 37). 때로는 교훈의 말로 훈육하시는 엄한 아버지이시지만(히 12:5-11), 우리의 연소함을 인하여 업신여김 당할까 염려해 주시기도 합니다(딤전 4:12). 사람의 훼방을 두려워 말고 믿기만 하면 슬픔과 탄식이 곧 달아 난다고 하시면서(사 51:7-11), 원수 마귀를 제어할 능력과 권세를 주시고 그것을 활용하며 살게도 하십니다(눅 10:19). 우리의 약한 손을 강하게 하시고 떨리는 무릎을 굳게 잡아 주시는 하나님께서 말씀 하시기를 "십자가 사랑에 구속 받은 자들로 하늘의 소망을 잃지 않고 살아 갈 것을 권고 해 주십니다." 억울하게 당하는 일에 방패와 손 방패를 들고 일어나 싸워주시고 다투어 주시는 하나님께서는 (시 35:1-2) 모자라면 채워주시고 흠이 있으면 보수해 주시고 엎드려 넘어지면 일으켜 주시고 상처가 있으면 치료해 주십니다. 하나님은 사람이 아니시기에 헛된 말을 하지 않으십니다(민 23:19). 독이 생명을 위협하지 못하게 하시고(행 28:1-6), 악한 자의 손에서 건져 주시는 하나님(행 27:20-25)이시며 백성들 앞에 놋 성벽이 되게 해 주시고 너를 이길 자가 없도록 지켜 주시겠다고 약속해 주시는 하나님이십니다(롬 8:31-39). 우리에게 바라시는 것은 천박한 인생을 살지 말고 귀한 인생을 취하며 살라고 권고해 주십니다. 육신에 굳은 마음은 제하여 버리고 부드러운 새 마음을 주셔서 아름다운 인격의 골격을 세워 주신다고 말씀하시며 인도해 주십니다(겔 36:26). 그러므로 성령으로 충만한 은혜를 주셔서 육적인 욕망과 탐욕이 사라지므로 온유하고 부드러운 마음으로 살아가도록 이끌어 주십니다. 그러기에 교회는 성령으로 말미암은 하나님의 거처이며 세상에서 가장 귀중한 최고의 기관입니다. 교회를 통해 성령의 역사가 이루어지기 때문입니다. 십자가에 피 흘려 목숨까지 버리시며 확보해 놓으신 구별된 장소가 바로 교회입니다. 그래서 선택 받은 자는 교회 안에 반드시 존재할 권리가 있습니다. 주님께서 원하시는 교회를 통해 예배의 자리로 들어가 듣고 배우고 명령에 따라 순종할 준비가 되어야 함을 말하고 있습니다. 행여라도 주님을 나의 조력자로 만드는 일은 없는가 늘 살펴야 하고 주님 뜻대로 살지 못하는 일은 없는지 자기 성찰이 따라야 합니다.

신문을 읽다가 어느 철학자의 명강의를 들었습니다. "사람이면 다 사람인가 철이 들어야 사람이지…" 짧은 글이고 쉬운 말이지만 그 속에는 깊은 철학이 있습니다. 나이가 많아도 철들지 않은 사람은 사회를 소란하게 하고 무질서하게 만들어 간다는 것입니다. 다시 말하면 신앙 생활에 경력은 많아도 철이 들지 않으므로 말미암아 책임감 없이 생활하려는 성도들에 의해 교회는 소란하고 무질서가 판을 치게 됨을 말합니다.

섬겨야 할 자리에 섬겨주지 못하고 대접만 받으려 할 때 질서가 무너집니다. 하나님의 말씀은 교훈과 책망과 바르게 함과 의로 교육하기에 유익하니 이는 하나님의 사람으로 온전케 하며 모든 선한 일을 행하기에 온전케 하려 함이라(딤후 3:10-17). 이 세상 어떤 학문도 성경을 능가할 수 없습니다. 성경을 모르면 그리스도인의 인격으로 살 수가 없습니다. 삼십년을 교회 다녀도, 일평생 교회 다녀도 성경을 모르면 그리스도인의 바람직한 인격이 연출될 수 없다는 말입니다. 모든 학문이 성경을 중심으로 시작됩니다. 노벨 문학도 성경적 인격의 배경이 받쳐주지 않으면 수상할 수 없습니다. 성경을 아는 사람은 모든 학문을 이해할 수 있지만 모든 학문을 가졌다 해도 성경을 모르면 온전한 인격을 기대할 수가 없습니다. 지구가 태양 주위를 돌듯이 선택받은 자는 교회 주위에서 떠나지 말아야 합니다. 더더욱 말씀의 의도하는 길을 따라가야 합니다. 그리고 그것은 선택받은 자들에게 원하시는 주님의 의도입니다.

주님께서 사랑과 능력으로 우리를 정복해 주시는 것은 영원한 세계로 눈을 뜨게 함이요 안내하기 위함입니다. 우리가 영생을 소유 했다는 것은 엄청난 축복입니다.

뇌성마비의 송명희 자매는 공평하신 하나님을 이렇게 표현했습니다.

"나 남이 가진 재물 없으나 나 남이 가진 지식 없으나

나 남에게 있는 건강 있지 않으나 나 남이 없는 것 있으니

나 남이 못본 것을 보았고 나 남이 듣지 못한 음성 들었고

나 남이 받지 못한 사랑 받았고 나 남이 모르는 것 깨달았네

공평하신 하나님이 나 남이 가진 것 나 없지만

공평하신 하나님께서 나 남이 없는 것 갖게 하셨네."

송명희 자매는 영생에 눈을 뜬 것입니다. 이세상을 뛰어넘어 하늘의 세계를 바라보고 누리며 사는 삶입니다. 절대 그 자리를 버리지 않을 것입니다. 누구에게도 양보하지 않고 자기가 받은 하늘의 권세를

당당히 누리며 살 것입니다. 그리스도인의 본질을 깨달은 사람은 말씀이 요구하는 개선을 위해 날마다 자기 발견을 이루어 건강한 생활을 하게 됩니다. 오랜 시간 기도하지 못해도 큰소리로 기도하지 않아도 진정한 영성을 가졌다면 평범한 생활 속에서 자극되고 통제되는 삶으로 살게 될 것입니다.

특종을 연출하는 것이 하나님의 영광을 더러 내는 것만은 아니고 일상 생활 속에서 성경 중심적 삶이 드러나므로 하나님께 영광을 돌리는 것입니다. 하나님께 영광 돌리기를 갈망한다면 모든 일을 하나님의 관점에서 보려는 노력이 따르게 됩니다. 이웃에 대한 가치 판단도 하나님 중심으로 보게 됩니다. 하나님의 사랑을 간직한 신령한 사람은 누구를 대하든지 사랑의 눈으로 보게 됩니다. 비난이나 책임을 면하기 위해 변명하지도 않고 남의 탓으로 책임을 전가하지도 않습니다. 주님의 사랑을 담았기 때문입니다. 죄가 들어와 주장하려 할 때 즉시 처리할 줄도 알고 이웃과 관계를 맺을 때도 꾸밈없는 사랑이 보여집니다. 때로는 하나님께서 우리를 엽기적으로 훈련 시킬 때도 있습니다. 이스라엘 백성이 하나님 앞에서 악을 행하므로 칠년 동안 미디안 손에 붙였다고 했습니다. 그러므로 미디안 사람들이 신이 나서 이스라엘 백성을 괴롭히는데 이스라엘이 열심히 땀 흘리고 수고한 후 파종할 때쯤이면 미디안, 아말렉, 동방 사람이 쳐 들어와 진을 치고 토지에서 나는 소산과 식물을 남겨 두지 않고 노략질했으며 소와 나귀까지도 남기지 않고 약탈해 갔다고 합니다. 이스라엘 백성들이 얼마나 억울하고 분했을까 생각해 보았습니다. 워낙 이스라엘은 약하고 미디안은 강하기 때문에 손 써 볼 겨를도 없었기에 그들이 할 수 있는 일은 오직 하나님께 기도드리는 일이었을 것으로 추측해 봅니다. 성경은 심한 고역을 인하여 이스라엘이 하나님께 부르짖기 시작했다고 했습니다(삿 6:1-6). 하나님의 관심은 바로 이것이었습니다(사 1:2-9).

성경적 배경을 개요해 보면 결국 인간이 이 세상에 사는 것이 목적이 아니고 영원한 세계 저 천국으로 인도하려는 데 있습니다. 영원한 세계에 소망을 품은 자는 선택 받은 자답게 살 수 있다는 것을 계속적으로 말씀해 주십니다.

십자가에 달려 물과 피를 다 쏟으시고 돌아가신 예수님께서는 돌무덤에 묻히셨으나 사흘 만에 돌무덤을 열고 일어나셔서 40일 동안 제자들과 갈릴리 사람들에게 보이시고 그들이 보는 자리에서 하늘로 승천하셨습니다. 놀라운 일이 아닐 수 없습니다. 그런데 그때 흰옷 입은 두 사람이 곁에 서서 말하기를 너희 가운데 하늘로 올리우신 이 예수는 하늘로 가심을 본 그대로 다시 오시리라 했습니다(행 1:6-11). 이것을 믿는 것이 믿음입니다.

예수님께 이루어진 이 일들이 선택받은 자들에게 그대로 이루어진다는 것을 믿고 나가는 것이 우리의 삶입니다. 만일 그리스도 안에서 우리의 바라는 것이 이생뿐이면 모든 사람 가운데 우리가 더욱 불쌍한 자라고 했습니다. 그러나 그리스도는 죽은 자 가운데 다시 살아나 잠자는 자들의 첫 열매가 되었다고 성경은 말하고 있습니다(고전 15: 12-19). 출애굽에 기록된 말씀을 보면 모세를 통해 하나님을 찾아 나오도록 이스라엘을 깨우치지만 이스라엘은 깨닫지 못하고 괴롭고 고통스러울 때마다 간역자를 찾아가 따지는 것을 보게 됩니다. 그럴 때마다 그들은 생각하기를 따질 줄 아는 이스라엘 민족이 강성해지면 애굽나라에 위기가 올 수도 있다는 판단 하에 이스라엘 백성이 낳은 남자 아이는 무조건 죽여 씨를 말려야 한다는 법령을 만들게 되었지요. 인간이 굴리는 머리는 그토록 악의 순환을 일으킬 뿐이라는 것을 깨닫게 됩니다. 어처구니 없는 심한 학대와 곤욕으로 더 이상 버틸 수 없어 백성들은 드디어 하나님을 부르기 시작했습니다(출 2:23-25).

하나님께서는 바로 이 순간을 기다리신 것입니다. 가나안에 흉년이 들어 요셉을 따라 애굽으로 간지도 어언 430년이 지났습니다. 요셉의 영향을 받을 때는 이스라엘이 아무런 어려움이 없어 순조롭게 번창하며 살수가 있었지만 새로운 왕이 통치하면서부터 이스라엘은 민족적인 큰 위기를 맞게 되었던 것입니다. 그러나 그 위기를 통해 민족의 정체성을 찾아가는 이스라엘을 우리는 볼 수가 있습니다. 하나님은 그때를 기다렸다는 듯 끌어안아 주십니다. 제일 좋은 옷을 입혀 주십니다. 손에 가락지도 끼워 주십니다. 그리고 잔치를 베풀어 주십니다. 아무도 건드리지 못하게 보호해 주시고 방패로 막아 주십니다. 하나님께서는 우리를 그렇게 사랑하십니다.

Ⅲ. 연단과 훈련

2005년 국가 조찬기도회 참석시

홀로서기 훈련

하나님께서는 특별한 일을 맡겨야 하는 사람에게 특별한 훈련을 시키십니다. 전문성에 관계없이 누구나 받아야 할 훈련은 바로 홀로서기입니다. 길을 가다가 아기가 넘어지면 모르는 척 딴 곳으로 눈 돌리는 엄마를 봅니다. 아기는 소리도 지르고 사방을 둘러보며 구원을 요청하지만 지혜로운 엄마는 여전히 모르는 척 합니다. 자기 힘으로 일어설 수 있는 강인한 정신력을 기르기 위한 방법입니다.

소그룹을 인도 한지 10년쯤 되던 해 입니다. 더 이상의 훈련은 없을 것이라는 착각에 빠져 있을 때쯤 더 깊은 회개의 길로 인도하시는 주님께서 내 실상의 모습을 보게 해 주셨습니다. 내 안에 있는 더러운 오물을 보게 하셨습니다. 부끄러워 고개를 들지 못하지만 주님은 오히려 그 모습을 겸손함이라고 가르쳐 주셨습니다. 그렇게 몇 년이 다시 흘러서 한국을 떠나 말도 통하지 않는 미국 땅에 발을 딛게 되었습니다. 일가 친척도 없는 타국에서 내 가족만이라도 내 편이라 생각하고 맘 놓고 살다 보니 점점 어그러지는 일들이 솟아나는 것이었습니다.

그러던 어느 날 소스라치게 놀랄 일들이 일어났습니다. 어떤 계기를 통하여 알게 되었지만 우리 가족 모두가 내 편이 아니라는 것입니다. 가족들이 참고 견디어 주었기에 내가 평안했다는 것입니다. 그럼 이제부터는 가족들의 평안을 위해 되는대로 살았던 생활을 뒤집어 색다른 관심을 가져보기로 했습니다. 그때 깨달은 것이 홀로서기 훈련이었습니다. 나를 잘 아는 사람은 남이 아니고 내 가족입니다. 내 가족이 하는 일은 나를 발가 벗기는 일이었습니다(눅 12:49-53).

성경 말씀을 적용해야 할 부분이 돌출되기 시작했습니다. 가족끼리 분쟁하는 것을 허락하신 주님께서 그 분쟁을 뛰어넘어가게 하는 지혜와 기술을 터득하게 하셨습니다(마 10:21).

형제가 형제를, 아비가 자식을 죽는데 내어주며 자식들이 부모를 대적하여 죽게 하리라(마 7:5-6). 아들이 아비를 멸시하며, 딸이 어미를 대적하며, 며느리가 시어머니를 대적하리니 사람의 원수가 곧 자기 집안 사람이로다.

　그렇습니다. 나만이 겪는 일이 아니고 누구나 겪고 통과해야 할 사항이라는 것입니다. 무엇보다 이일은 주님께서 우리 가정에 허락하신 일이라는 것입니다. 피차 원수 역할을 하고 있다는 것을 깨달았을 때에야 비로소 자기 정체성을 면밀하게 볼 수가 있었습니다. 결국 내 가족이 내 것이 될 수 없다는 것입니다. 다시 말하면 내 가족도 내 이웃일 뿐이라는 것을 가르쳐 주셨습니다. 내 가족이 아니고 이웃이라고 생각하는 그 순간 몰려오는 외로움이 있었습니다. 어차피 극복해야 할 일입니다. 보다 더 친절한 이웃이 되기 위해 새롭게 언어 경영을 하고, 태도 경영을 해야 했습니다. 그때부터 어그러진 관계가 또 다시 회복되기 시작했습니다. 단 내가 겪어 내야 할 외로움은 예외였습니다. 그 외로움 속에서 주님을 부릅니다. 내 작은 신음까지도 응답해 주시는 주님을 이전보다 더 깊게 경험하게 하셨습니다.

　어떤 간증자의 간증을 들으면서 참 부럽다는 생각이 잠깐 스쳤습니다. 외모도 손색없이 아름답고, 꾀꼬리 같은 목소리로 찬양드려 많은 사람을 감동케 합니다. 정상적인 교육으로 모든 사람이 선망하는 직업을 갖고 남편도 잘 만나서 전폭적인 사랑을 받지만 더 중요한 것은 예수님의 은혜 속에 잠겨 있다는 사실입니다. 부자가 천국 들어가기가 약대가 바늘귀에 들어가는 만큼 어렵다고 했는데 그 간증자는 모든 것이 완벽하게 보였다는 것입니다. 그러나 하나님의 공평은 아브라함에게도, 요셉에게도, 성경 어떤 인물에게도 적용되었던 것처럼 그 간증자에게도 견디어 내야만 하는 홀로서기 훈련이 있었다는 사실을 우리는 알게 됩니다.

남편의 예리한 관찰은 나의 옷을 벗기는 작업이었고, 아들의 예리한 관찰은 내 몸의 가죽을 벗기는 작업이었으며, 며느리의 예리한 관찰은 보이지않는 심령 깊숙하게 숨어 있는 것들을 끄집어 내는 작업이었습니다.

뒤집어 생각하면 나 또한 남편의 옷을 벗기는 삶을 살았고, 아들 몸의 가죽을 벗기고, 며느리의 정체성을 내 판단으로 뒤집는 역할을 했다는 고백입니다. 이만하면 피차 원수 역할을 잘 감당했다는 결론 앞에 부끄러워 머리 숙여집니다.

주님의 인간을 향한 끝이 없는 교육은 가족 구성원을 통하여 원수 사랑하는 법을 가르쳐 주셨습니다. 남편의 예리한 관찰이 더러운 옷을 벗어 버리게 하므로 새 옷을 입게 되었고, 아들의 예리한 관찰로 내 몸의 가죽이 벗겨 지므로 새살이 돋아나는 영광을 누리게 되었습니다. 며느리의 예리한 관찰이 내 깊은 심령 속에 감추어 놓은 죄성까지도 끄집어 낼 수가 있었기에 주님께로부터 위로의 손길을 더 깊게 체험 할 수가 있었습니다. 이 모든 상황들은 외로움의 극치를 맛보게 하였고, 외로움 속에서 흐르는 눈물은 주님의 사랑의 끈을 당기게 하였습니다. 주님의 사랑의 끈에 묶여진 내 삶은 오직 주님만이 조절해 주시고 경영해 주심을 날마다 경험하게 하십니다.

내 음성도 강약의 기술이 필요했고, 내 태도와 갖추어야 할 외모도 조절해 가시는 주님을 알게 하셨습니다. 누군가를 통해 내 자존심을 자극해 올 때 참고 여과시켜 인격을 성장하게 하시는 주님의 사랑을 발견합니다. 성장된 인격으로 겸손의 질을 높이려는 주님의 사랑은 지금 이 순간에도 그렇게 나와 함께 동행해 주십니다.

12 주님께 맡겨 드리는 삶

주님을 믿는 자와 믿지 않는 자의 삶은 분명히 다른 것이 있습니다. 예수를 믿지 않는 사람들의 삶은 끊고 맺는 일에 대하여 분명할 수가 없다는 것입니다. 끊었다고 하지만 다시 반복합니다. 기분에 따라 환경에 따라 다시 끄집어 내어 온통 주변을 혼란하게 합니다. 다 잊어버렸다고 말하면서도 원망이나 기대가 남아 있음을 보게 됩니다. 사극영화를 보면 원수 갚는다고 원수를 만들어 피차 원수가 되는 악의 순환을 일으킵니다. 그러나 예수를 믿는 자의 삶은 끊고 맺음이 분명합니다. 나를 억울하게 하는 일이 있다면 예수님께 의뢰하고 맡겨 드리면 깨끗하게 처리가 됩니다.

내가 신세진 일로 인하여 갚을 길이 없다 하더라도 주님께 의뢰하고 맡겨 드리면 주님께서 더 확실하게 갚아 주십니다. 그렇게 주님을 의지하고 맡겨 드리는 행위가 믿음입니다. 믿음이 없는 사람은 세상 사람과 똑 같습니다. 주님께 맡겨 드리지 못하고 믿어 드리지도 못합니다. 자기 힘이나 노력으로 어떻게 해 보려 하지만 뜻대로 안 되는 것을 경험하게 됩니다. 매우 안타까운 일이 아닐 수 없습니다. 30년 전 몸에 병이 들어 대수술을 해야 한다는 진단을 받게 되었습니다. 그때 내 형편은 매우 어려웠을 때 였습니다. 소식을 전해 들은 친구의 소개로 해군 병원에서 무료 수술을 받게 되었습니다. 그 고마움이야말로 다 할 수 없었습니다. 마침 소개해준 친구의 남편이 해군병원에 근무하는 관계로 받은 혜택이었기에 여러 가지로 고마웠습니다.

치료 받은 후 퇴원 할 때 형편대로 인사는 했지만 그 후 다른 친구로부터 섭섭하다는 말을 전해 듣고 너무나 미안했습니다. 그리고 나는 다짐했습니다. 어떤 경우라도 남의 신세를 지지 않겠노라고. 그러나 그러한 삶이 나 스스로 나를 피곤할 만큼 꽁꽁 묶는다는 것을 뒤늦게 알게 되었습니다. 주님의 뜻을 모르고 살았기에 당연한 생각이었지만 그렇게 자신을 묶어 놓는 그 이면에는 무서운 독성과 오만이 가득 차 있었습니다. 그렇게 사는 내 인생에 한계점이 왔을 때 더 이상

갈 곳이 없어 땅속으로 들어가든지, 아니면 하늘 위로 올라가야만 될 그런 상황에 처해 있을 때 주님의 음성을 듣고 주님 앞에 나왔습니다. 그리고 주님의 뜻을 알게 되면서부터 위와 같은 문제에 닥쳤을 때 어떻게 대처하며 자기 인생을 처신해야 하는지를 알게 되었습니다. 그것은 바로 진리가 나를 자유케 한 것입니다. 원수 갚는 것은 내게 맡겨라(롬 12:19). 그러나 나는 은혜 갚는 일도 주님께 맡겨 드리기로 했습니다. 평생 만나로 살아가게 하시는 주님은 내 형편을 알고 계시다는 믿음을 갖고 내게 도움을 주시는 분들을 위하여 축복을 빌어 드립니다. 그리고 나는 자유하며 살아갑니다.

갚을 길 없는 내 처지를 끌어안고 평생 죄인같이 움츠리는 모습은 결코 주님께서 원치 않으신다는 사실을 알게 되었습니다. 어떤 형제가 결핵성 전립선염으로 진단을 받고 수술해야 한다는 부담으로 몹시 우울해 하는 것을 보았습니다. 그 가정 형편으로는 어떤 조치도 취할 수 없었기 때문입니다. 나는 그 형제에게 믿음으로 병을 고쳐 보자고 제의를 했습니다. 그리고 내가 형제를 위해 백일 동안 아침 금식을 하면서 기도하겠노라고 약속을 하였습니다. 드디어 백일이 다 될 무렵 그 형제가 정기 검진을 갔더니 그 병이 흔적도 없이 사라졌다는 것입니다. 그러나 이 소식을 직접 들은 것이 아니고 다른 사람을 통해 들었다는 것이 못내 내 마음을 아프게 했습니다. 금식하며 기도해 준 나에게 소식을 먼저 전하지 않고 다른 사람에게만 전했다는 것이 왠지

불쾌했다는 것입니다. 그렇게 불편한 마음을 끌어안고 다음날 새벽기도를 갔습니다. 기도 중에 주님께서 위로의 말씀으로 마음을 녹여 주시는 것이었습니다. 주님은 먼저 나에게 물으셨습니다. "네가 누구를 위해 누구에게 부탁하며 기도했느냐?" 그 형제를 위해 주님께 부탁을 드렸습니다. 주님은 또 말씀하십니다. "내가 누구의 기도를 들어 그 형제의 병을 치료해 주었느냐?" 저의 기도를 들어 주셔서 그 형제의 병을 치료해 주셨습니다.

나는 말문을 끊기도 전에 회개의 눈물이 터져 나온 것입니다. 내 기도를 들어 주신 주님께 감사기도 드려야 할 그 시점에서 나는 내 영광 받지 못한 것이 분하다고 그 형제를 향하여 섭섭하게 생각했던 것입니다. 주님 용서해 주옵소서. 제가 잘못 생각했습니다. 계속 용서를 빌고 있는 나에게 주님은 또 말씀하셨습니다. "그 형제를 위해 기도할 수 있는 권리를 너에게 준 것은 그들과 서로서로 아름다운 관계를 맺게 하기 위함이요 더 나아가 너의 위상을 모든 사람 앞에 세워 주기 위함이니라." 주님의 그 말씀을 들으면서 두 손으로 두 눈을 움켜쥐고 울고 또 울었던 기억이 납니다. 그 다음 주 나는 자연스럽게 "백일 금식기도 들어 주신 하나님 감사합니다"라고 봉투에 적어서 강단에 올려 드렸습니다. 사역의 길 20년, 어떤 일을 했다 해도 누구에게 든지 아무것도 요구하지 않는 삶이 당연한 것으로 알고 오늘도 그리고 내일도 달려갈 뿐입니다.

율법은 우리를 어색하게 하고 움츠리게 합니다. 뜻대로 살지 못하는 우리를 죄인으로 몰아세우기도 합니다. 주님의 사랑은 죄인된 우리를 위해서 십자가로 피흘려 주셨습니다. 그로 인하여 어떤 일에도 매이지 않고 마음껏 자유할 수가 있다는 것입니다. 언제나 정직하고 신실하기만 하면 됩니다. 욕심 없이 자기 유익을 구(求)치 않는 삶을 살기만 하면 주님께서 그 뒷일을 책임져 주시겠다는 것입니다.

만약 누가 누구에게 은혜를 베풀었다면 그 기회를 주신 주님께 감사하시기 바랍니다. 또한 누가 누구에게 은혜를 받았으면 그 또한 형편대로 감사해야 하는 것은 물론이지만 더 중요한 것은 주님께 그 받은 은혜를 갚아 달라고 맡겨 드리는 기도를 하셔야 합니다. 주님은 그 값을 넘치도록 채워 주실 줄 믿습니다. 그러한 삶이 그리스도인의 삶이요 주 안에서 누리는 자유입니다.

어렸을 때 고아가 되는 바람에 여러 가지 여건이 맞지 않아 많은 분들의 신세를 본의 아니게 지게 되었습니다. 지금도 가끔 생각납니다. 여전히 지금도 도움의 손길이 있습니다. 그들을 위해 할 수 있는 일이 있다면 주님께 엎드려 그들의 축복을 위해 맡겨 드리는 기도입니다. 우리가 믿고 있는 주님은 그 능력과 재력이 우리가 상상할 수 있는 것 그 이상입니다. 축복의 원천이요, 승리의 원천입니다. 구약성경에 보면 미디안 군사는 165,000명인데 비해 이스라엘 군대는 32,000명이었습니다. 1/5 병력이었습니다(삿 7:2-7). 그러나 하나님께서는 이스라엘 32,000명이 많다고 줄이고 줄여서 300명의 용사만 전쟁에 나가게 했습니다. 전쟁의 승패가 하나님께 속했다는 것을 이스라엘 백성들에게 확실히 가르쳐 주기 위해서 였습니다. 어디 그뿐 인가요. 분명한 신앙을 갖지 못한 이스라엘 백성들을 보면서 바알 선지자 사백오십인과 아세라 선지자 사백인을 갈멜산으로 모아 놓고 이스라엘 백성들도 모이게 하여 그들 앞에서 외칩니다. 너희들이 어느 때까지 두 사이에서 머뭇머뭇 하려느냐(왕상 18:16-24). 바알을 택하든지 하나님을 택하든지 분명한 태도를 보이라는 것입니다. 저들은 850인이지만 하나님의 선지자는 나만 홀로 남았으니 대결해 보자는 것입니다. 성경 말씀을 참고 해 읽으시면 엘리야의 승리를 보게 됩니다. 엘리야의 믿음에 하나님께서 손을 들어 주신 것입니다.

주님께 맡겨 드리는 기도가 최고의 해결책인 것을 알아야 합니다. 복잡하게 연결 되어져 있는 인간관계들을 주님 중심으로 끊고 맺는 일에 책임져 주시는 하나님이십니다. 양의 머리에 기름을 발라 양들끼리 서로 엉키지 않게 하는 것처럼 우리들 각 개인에게 기름을 부어 주셔서 서로 엉키지 않고 단순하고 간결하게 살아 갈수 있도록 인도해 주십니다. 그리스도인은 무슨 일에도 누구에게도 매이게 하지 않습니다. 그때그때 상황에 따라 덕스럽게 처리할 수 있는 능력과 지혜를 부여해 주십니다. "진리를 알지니 진리가 너희를 자유케 하리라"(요 8:32).

13 눈물의 여정

눈물을 흘린다는 것은 인간의 아름다움을 나타내는 것입니다. 눈물이 없는 사람은 인간이 지니고 있는 것 중에 가장 귀하고 아름다운 것을 땅에 묻어 버린 것과 마찬가지입니다. 세상에 빚어지는 갖가지의 아픔과 고통의 외로움과 상처들은 눈물이 있기에 씻어 버릴 수가 있습니다. 슬퍼서 울지만 기뻐서도 웁니다. 아파서 울지만 감격해서도 울게 됩니다. 내가 아파서 울지만 다른 사람은 감격해서 울기도 합니다. 같은 장소에서 같은 사건을 통해 울고 있지만 눈물의 의미는 다를 수가 있습니다. 눈물이 없는 사람은 악한 사람이라고 누가 말했습니다. 정말 그런 것 같습니다. 인간이 눈물을 흘리지 않는다면 문제가 벌어지기도 합니다. 눈물은 문제를 수습해 주기도 합니다. 자신의 내면이 보이고 지난 날의 살아온 아프고 쓰린 추억이 상기 되면 두 눈에 눈물이 고입니다. 그것은 아름다운 인간미를 말해 주기도 합니다. 회개의 눈물은 죄를 몰아내므로 마음을 맑게 합니다. 내가 내 죄를 씻을 수 없지만 눈물로 내 죄를 인정하고 고백할 때 주님의 고귀한 피로 씻어 주십니다. 나의 부르짖음에 귀를 기울이시고 내가 눈물 흘릴 때 잠잠치 않으시는 하나님을 헤아릴 수 없을 만큼 체험하게 되었습니다(시 39:12).

히스기야의 눈물을 보고 생명을 연장케 하신 하나님이셨지만(왕상 20:5), 친구들은 사단의 공격을 받아 재산과 가족이 전멸 되었을 때 찾아와 죄의 대가라고 엉뚱한 말로 욥을 충고했습니다. 그러나 변명조차 할 수 없는 현실적인 상황 속에서 말없이 흘려야만 했던 욥의 눈물을 기억해 봅니다. 본래 부모에게 효도하는 성품으로 말미암아 형제들로부터 따돌림당하는 요셉은 이유없이 애굽으로 팔려 갔습니다. 그 주인 보디발의 아내로부터 억울한 누명을 뒤집어 쓰고 감옥살이할 때 요셉의 흘린 눈물은 어떤 눈물이었을까 생각해 봅니다. 요셉은 그 억울한 눈물을 아름답게 성화시켜 하나님께 인정받는 인격으로 왕의 눈에 띄게 되므로 애굽 나라에 총리가 되었음을 성경이 말하고 있습니다(창 41:41-45).

가나안에 흉년이 들어 배신했던 형제들이 요셉 앞에 나타났을 때도 눈물을 삼켰던 요셉이었습니다. 아버지 이스라엘(야곱)의 별세를 맞이하면서(창 50:15) 요셉을 의심하는 형제들 앞에서 드디어 요셉은 울었다고 했습니다. 어떤 눈물이었을까요? 눈물을 흘려야만 사태가 수습됩니다. 눈물은 사람을 부드럽게 만듭니다(창 50:17). 사랑하는 자녀 압살롬에게 쫓기는 아비 다윗의 눈물도 있습니다. 시기와 질투로 분노하는 사울 왕에게 쫓겨 적군에게까지 피신할 수밖에 없었던 다윗 왕이었습니다. 적군에 발각되자 침을 질질 흘리며 미친 척 했던 다윗의 그때 그 심정을 헤아려 봅니다. 어찌 눈물이 없었겠습니까!

장자의 죽음을 맞이해야 했던 아비의 심정 다윗. 이 모든 것들이 눈물샘을 자극하는 인생의 여정이었습니다. 하나님의 뜻을 바로 알지 못하고 죄악으로 빠져 들어가는 백성들을 바라보면서 안타까운 눈물을 흘리는 예레미야 선지자. 동생의 죽음을 애도하며 대성통곡하는 두 여인 마르다와 마리아의 눈물. 믿음의 조상 아브라함의 삶 속에 담긴 눈물의 파노라마. 본토 친척 아비 집을 떠나라는 명령을 받고 온 가족을 데리고 갈 바를 알지 못하는 길로 정처없이 떠나는 아브라함. 애굽을 지날 때 바로에게 아내를 빼앗기고 날 밤을 보내야 했던 아브라함(창 12:10-20). 사라의 몸종으로부터 낳은 아들 이스마엘을 떠나보내야만 했던 그때의 아브라함의 심정은 어떠했을까요? 어디 그뿐인가요? 뒤늦게 낳은 아들 이삭을 재물로 바치라는 하나님의 명령을 따라 이삭을 데리고 모리아 산으로 삼일 길을 걸었던 그 심정. 장작 위에 아들 이삭을 묶어 올려놓고 칼을 들어 내리쳐야 했던 그때의 아브라함의 마음, 그것은 뼈아픈 눈물이 아닐 수 없습니다.

야곱의 일생을 더듬어 보면 그 또한 만만치 않은 눈물의 여정이었습니다. 형의 장자권을 팥죽 한 그릇으로 사게 된 것을 계기로 그의 인생은 참으로 파란만장한 일생이었습니다. 형의 칼날을 피해 밧단아람으로 가던 중 날이 저물어 들판에 돌 베개하고 혼자 누워 있을 때, 외삼촌의 둘째 딸 라헬을 사랑하므로 결혼의 조건으로 칠년 봉사를 했으나 결혼 첫날밤에 첫째 딸 레아를 맞이 했을 때, 그러나 다시 라헬을 아내로 맞이하기 위해 칠년 봉사를 해야 했던 야곱의 심정은 어떠했을까요? 계약이 끝나고 품삯을 받아야 함에도 불구하고 품삯을 열번이나 번복하므로 부당한 대우를 받았던 야곱입니다(창 31:7). 그럼에도 불구하고 하나님의 축복으로 말미암아 양 떼와 소 떼가 많아지고 가정이 번성하자 위기를 만나게 되어 그들을 데리고 고향으로 돌아 가려는데 에서의 칼이 기다리고 있다는 소식을 들었을 때 온 가족을 먼저 떠나 보내고 얍복강 나루에 혼자 남아 밤이 새도록 울어야 했던 야곱이었습니다. 야곱의 눈물을 받으신 하나님은 야곱을 이스라엘로 바꾸어 주시고 환도뼈를 위골시키는 기념비를 갖추게 하신 후 에서를 만나게 하므로 그 두 형제는 드디어 불쌍한 마음으로 끌어 안고 눈물을 흘렸습니다. 그것이 인생인가 봅니다(창 33:4).

　모든 것이 하나님의 섭리였다고 받아 들이기까지 나의 지난날을 회고해 보면 어느날 갑자기 낯선 사람들로 둘러싸여 있을 때 외롭고 무섭고 두려워 소리쳐 울던 때가 첫번째 눈물이었습니다. 6.25라는 전쟁에 아버지는 납치당하고 할머니는 화병으로 돌아가시고 산후병으로 어머니마저 세상을 떠나야 했습니다. 그러므로 나의 현실 앞에 닥쳐진 일들에 더 버틸 수 없다는 것을 알고 어린 나이지만 무너지는 자존심을 끌어안고 굴복하며 소리없는 눈물을 흘려야 했던 날들이 두번째 눈물이었습니다. 이렇게만 살 수 없다는 결론을 내린 후 의지할 대상을 찾아 보았지만 아무도 반겨 주지 않는다는 사실을 깨닫고 애태우며 사랑의 목마름으로 세 번째 눈물은 이어져 갔습니다. 희망도 대안도 없이 무작정 살아야만 한다는 현실 앞에서 대책없이 찾아 온 것이 가난이었기에 너무나 불편하고 힘들었지만 비겁하게 살지 않으려는 몸부림으로 울고 또 운 날들이 네 번째 눈물이었습니다. 그나마 사랑하는 사람들로부터 배신을 당하고 용서해야만 하는 아픔의 눈물은 지금까지 겪어 왔던 눈물들은 아무것도 아니라는 결론을 내리게 하는 다섯 번째의 눈물이었습니다. 내 인생의 여섯 번째 눈물은 새로운 세계에 눈을 뜨게 하는 주님과 만남의 눈물이었습니다. 주님 품에 안기우는 그 감격, 그 기쁨, 그 환희. 먼 길을 돌아오느라 수고했다고 두 팔 벌려 안아 주시는 주님의 사랑은 너무나 감격적이었습니다. 이제부터 네 인생 내가 책임지고 인도할 테니 말씀을 옳게 분별하여 배우고 확신하는 일에 거하라고 하셨습니다. 그 감격이 너무나 벅차서 울고 또 울던 날들을 기억합니다. 주님 안에서 이어지는 일곱 번째 눈물은 죄를 알게 되므로 부끄러운 눈물을 한없이 흘려야 했으며, 죄를 사해 주신 십자가 은혜의 눈물로 감격해서 온 얼굴을 적시는 눈물이었습니다. 애절한 주님의 사랑에 넘치는 소망을 붙들고 주체할 수 없이 흐르는 여덟 번째의 눈물은 평생 해야할 일을 결단하게 하는 소명을 받는 눈물이었습니다. 드디어 내가 받은 사랑, 이웃에게도 채워 달라고 내가 받은 은혜, 저들에게도 베풀어 달라고 엎드려 기도하게 되는 것은 아홉 번째로 이어지는 중보기도의 눈물이었습니다. 언제인가부터 세상을 향한 주님의 십자가 사랑의 눈물이 보이기 시작했습니다. 인간이 구할 수 있는 것은 아무것도 없다는 것을 알게 되었습니다. 주님의 뜻만 이루어지기를 바라는 마음으로 맡겨 드리는 눈물의 기도는 열 번째로 흐르는 마르지 않는 눈물이었습니다. 이 눈물을 알고 있는 모든 분들과 언제나 마주하기를 원합니다.

14
부당한 대접

인간으로 태어나는 신분과 모양과 환경은 내가 선택하는 것이 아니고 하나님의 섭리에 의한 특별한 탄생입니다. 그러기에 우리는 어떤 신분으로 어떤 모습으로 태어나든지 조금도 위축받을 이유가 없다는 것입니다. 상담을 하다 보면 여러 가지 질문을 받을 때가 있습니다. 누구보다 유리한 조건과 환경에서 태어났기 때문에 많은 사람으로부터 지원을 받으며 더 많은 찬사를 받는다면? 반대로 부적절한 환경과 조건을 갖고 태어나서 부당한 대접을 받고 살아야 한다면?

이러한 질문 앞에 한마디로 간결하게 답하기는 참 어렵습니다. 다만 인간은 약하고 불안한 존재이기 때문에 힘있는 자에 의하여 보호 받거나 지지를 받으면 강한 힘이 생기고 원기가 회복되는 것은 사실입니다. 그러나 바라기는 각자의 인격 연마를 통해 개인적인 노력으로 이루어 내는 업적을 존중해 주어야 건강한 사회를 만들어 내는 것은 당연한 일입니다. 그럼에도 불구하고 때로는 불균형적이고 역기능적인 인격에 의해 억울하게 눌림 당하거나 부당한 대우를 받는 경우를 얼마든지 볼 수가 있습니다. 인간은 누구도 누구를 판단할 수 없습니다. 더더욱 누구의 인격도 축소시키거나 소외시킬 권리가 없습니다. 비열하고 옹졸한 사람일수록 이웃에 관한 평가를 표면적으로 드러내기도 합니다. 혹 세상 사람은 당연하다고 생각할 수 있겠지만 오늘날 교회 안에서도 그런 평가를 볼 수가 있다는 것은 매우 안타까운 일이 아닐 수 없습니다.

아무도 남의 삶에 재 뿌릴 권리가 없기 때문입니다. 다만 자신이 차별하는 사람이 아니고 차별당하는 위치에 있다면 오히려 감사해야 할 일입니다. 세상 사람으로부터 차별 대우를 받는다면 당연히 하나님께 특별 대우를 받기 때문입니다. 세상 사람으로부터 차별 대우를 받고 있다면 그 고지를 뛰어넘으려는 긍정적인 노력이 불붙게 되므로 인하여 인격을 닦아 가는 계기가 되어, 점점 어떤 일에도 적응할 수 있는 가능성을 넓혀 가게 됩니다.

인간은 누구나 불확실성에서부터 출발합니다. 그러나, 삶은 그 불확실성에 머물러 있기를 바라지 않습니다. 어떤 길을 선택하든 변화의 고지를 향해 떠나야만 합니다. 이렇듯 나의 주변이 나에 대한 기대를 멈추지 않는 한 나 또한 높은 인격 상승을 위해 노력하며 선한 싸움을 싸워야 합니다. 인생 앞에는 언제나 또 누구에게나 바윗덩이와 같은 뚫어야 할 벽이 있습니다. 물론 그 벽을 쉽게 생각하고 자만해도 안되지만 그렇다고 너무 조급해도 안될 일입니다. 언제나 여유를 갖고 꿋꿋하게 헤쳐 나가야 할 일입니다. 그렇게 하므로 인격은 성장합니다.

서독에 유명한 "쉴링크"라는 분이 있었습니다. 그는 한동안 히스테리 성격을 가진 여인과 한 집에서 살게 되었습니다. 그 여자는 시기와 질투가 많아서 쉴링크를 말할 수 없을 만큼 비참하게 만들었습니다. 그 여자는 사물을 객관적으로 볼 수 있는 능력마저 없었기에 모든 것이 제대로 돌아가는 삶이 아니었습니다.

첫째는 대화가 불가능하였기 때문에 어떻게 해 볼 수 없었기에 쉴링크는 더 이상 견딜 수가 없다는 판단을 내렸습니다. 그러므로 쉴링크는 주님의 도우심을 구하기 시작했습니다. 이 어려운 상황을 위해서 내가 어떻게 했으면 좋겠느냐고 주님에게 물었습니다. 그때 하나님께서 말씀하셨습니다. "쉴링크야 변화되어야 할 사람은 바로 너다" 쉴링크 여사는 다시 귀기울였습니다. 그리고 놀랐습니다. 그리고 그가 변하는 것이 아니고 내가 변해야 됨을 깨달았습니다. 문제가 크면

클수록 그 문제를 끌어 안을 때 내가 변하고 내 인격이 상승된다는 것을 알게 되었습니다. 그녀는 그 동안 용서하기를 거부했고 마땅히 받아 주어야 할 일을 거절했던 자신을 발견하게 되므로 오히려 부끄러워 했다고 합니다. 그 후 쉴링크의 변화된 삶은 물론이고 그로 인하여 그 여자도 변화가 되었다는 기록이었습니다. 악이 있기에 선이 존재하지만 선을 빛나게 하기 위해 악이 존재합니다. 고통과 고난을 통해 귀한 열매가 맺힌다는 역설적인 말은 사실을 충분히 뒷받침 해 줍니다. 세상에서 부당한 대접을 받기에 하나님께 특별 대우를 받는다는 것은 축복입니다. 그러기에 "부자가 천국에 들어 가는 것보다 차라리 약대가 바늘귀로 들어가는 것이 쉬우니라"(마 19:23-24)라고 했습니다.

인간으로서의 위대함은 이 세상을 재 창조하는데 있지 않고 우리 자신을 재창조하는데 있다고 어느 철학자는 말했습니다. 그리스도 안에 있는 우리는 어떤 경우에라도 흠잡는 일이나 수군수군하는 일은 없어야 합니다. 우리는 같은 주인을 섬기는 한 형제자매이기 때문입니다. 부당하게 이웃을 대하는 태도는 자신 안에 사랑이 결여되어 있기 때문입니다. 주님께서는 말씀하셨습니다. 불법이 성함으로 많은 사람의 사랑이 식어지리라(마 24:12). 교회가 당면하고 있는 영적 싸움의 한 주요한 부분은 상호 관계의 영역의 차이 때문입니다. 그사이를 뚫고 들어와 분쟁케 하여 교회를 든든히 세우지 못하도록 공격하는 것이 사단의 전략입니다. 우리는 한 성령 안에서 그리스도의 몸을 이루어가는 한 지체입니다. 사랑이 아니면 영적으로 하나됨을 이룰 수 없고 따라서 승리의 길을 갈 수도 없게 됩니다. 사랑은 하나가 되기를 열망합니다. 부당한 판단이나 편견은 사단의 무기임을 알아야 합니다. 그러한 부정적 감정은 자신이 이루지 못한 복수심으로 인한 것입니다. 그들의 분별없이 쏟아내는 무정한 언행은 깊은 상처를 입힙니다. 식어진 사랑의 감정을 드러내는 전형적인 증세이기도 합니다. 그렇듯 부당한 일들을 해결해 가는 길은 상처 준 사람을 용서하는 길입니다. 한편, 하나님께서 이토록 마음 아픈 일을 경험하도록 허락하신 것은 원수 사랑하는 법을 가르쳐 주시기 위한 것입니다. 다시 말하면 하나님 안에서 성장할 수 있는 길을 열어 주신 하나님의 각별한 은혜입니다.

쓰디쓴 감정과 원망에 매여 사랑과 용서로 해결하지 못한다면 더 많은 병을 끌어안고 살아야 한다는 것도 우리는 알아야 합니다. 사랑과 용서는 희생과 헌신입니다. 희생이나 헌신이 없는 사랑은 사랑이 아닙니다. 상처 준 사람이 마음에 들지 않지만 그렇다고 사랑하기를 그만둘 선택의 여지가 우리에게는 없습니다. 우리는 사랑만이 우리가 택할 수 있는 단 하나의 길입니다. 내 의도나 내 고집을 꺾어 버리고 헌신하는 사랑으로 한걸음 한걸음 나아갈 때 보다 더 높은 인격으로 상승하게 됩니다. 아주 사소한 잘못과 약점들로 인해 실족할 때 사단은 재빨리 부추겨서 큰 문제로 확대해 갑니다. 그때도 구차스러운 변명을 하지말고 산뜻하게 인정하고 들어가야 합니다. 그리고 부당한 인격을 용서하기 위해 주님 안에서 극복해 가야 합니다. 하나님의 나라는 단순히 교리에 기초한 것이 아니라 관계에 있습니다. 하나님과 나의 관계, 또 하나님에 의한 우리들 서로의 관계입니다. 우리가 하나님을 사랑하면 당연히 원수도 사랑할 수밖에 없다는 원리가 적용됩니다. 하나님을 사랑하면 할수록 다른 사람을 사랑하지 않을 수가 없기 때문입니다. 하나님의 나라는 하나로 연합된 우리 안에 있습니다. 하나님 나라를 소유한다는 것은 희생과 헌신의 사랑을 실천한다는 뜻이 됩니다. "비판받지 아니하려거든 비판하지 말라. 너희의 비판하는 그 비판으로 너희가 비판을 받을 것이요 너희의 헤아리는 그 헤아림으로 너희가 헤아림을 받을 것이니라"(마 7:1-3, 5).

15 그리스도인의 흔적

세상에는 갈등과 반목의 소용돌이 속에서 생존하고자 하는 치열한 전쟁이 난무하고 있습니다. 심지어 기독교 문화 속에서도 하나님 말씀을 자신의 이권을 위해 변질시켜 수 많은 사람들에게 혼란을 주고 있는데 매우 안타까운 일이 아닐 수 없습니다. 진리의 말씀은 바르게 전하지만 자신의 모습은 사람들 앞에 어떻게 비추어 지는지 아랑곳 하지 않습니다(행 20:19-31).

바울 사도께서는 겸손과 눈물로 섬김의 본을 보여 주셨습니다. 뿐만 아니고 밤낮 쉬지 않고 눈물로 각 사람을 훈계하며 섬겼다고 했습니다. 하나님의 부르심에 순종한 모세는 히브리 민족의 자부심이었습니다. 오늘날도 많은 감동을 주는 룻기서를 보면 하나님을 믿는 시모를 끝까지 따르므로 말미암아 예수님의 족보에 들어가는 영광을 갖게 된 것을 봅니다. 과감한 행동으로 정탐꾼을 숨겨준 기생 라합도 그로 인하여 보아스를 낳는 영광을 얻어 예수님의 족보에 들어가게 되었고 뿐만 아니라 온 가족들을 구원의 반열에 들어오게 했다는 것을 성경을 통해 우리는 잘 알고 있습니다. 그러므로 우리는 주님을 따르는 것에 어떤 흔적을 남기고 있는지 생각해 보기로 합니다(시 116:15). 성도의 죽는 것을 여호와께서 귀중히 보시는도다. 그리스도인의 흔적을 말합니다(롬 16:19). 악을 버리고 선에 속한 삶을 산다는 것도 그리스도인의 흔적입니다. 진리의 영이 내 안에 들어오면 자기와의 싸움이 시작된다고 했습니다. 그것도 그리스도인의 흔적입니다. 그리스도인의 흔적을 남기는 일들은 고통이고 고난이지만 그로 인하여 더 풍성한 생명력을 얻게 된다는 것입니다. 그리스도인의 흔적을 남기는 일은 자신 안에 있는 불순물을 빼 내는 작업입니다.

운동 선수가 자기 힘을 빼야 유연해 지고 멋진 포즈를 보여 줄 수가 있듯이 자기의 힘을 빼 버린 흔적을 가진 사람은 하나님께서 자유자재로 사용해 주시게 됩니다. 그리스도인의 흔적을 가진 사람은 반항하거나 거부하지 않습니다. 예수님이 걸어간 그 길을 묵묵히 쫓아 갑니다(사 53:7-9). 곤욕을 당하여 괴로울 때에도 그 입을 열지 아니하였음이요 마치 도살장으로 끌려가는 어린양과 털 깎는 자 앞에 잠잠한 양같이 그 입을 열지 아니 하였도다. 예수님이 가신 고난의 길입니다. 예수님의 고난의 흔적이 시작되는 지점을 말한다면 인간의 무력함이 어떤 것인지를 깨닫고 오직 주님만 해 낼 수 있다는 전적 믿음과 의지가 이루어질 때 그때부터 체험과 동시에 흔적을 가질 수가 있게 됩니다.

더 고급스러운 표현을 한다면 자기 상실감을 철저히 느끼며 동시에 주님을 붙들고 나갈 때 그때부터 흔적을 남기는 일들이 이루어집니다.

그러므로 주님께서 나와 함께 동거함을 만민이 알게 해 주십니다. 멸시의 아픔이 다가와 나를 아프게 하지만 멸시받을 수밖에 없는 그것을 인정하는 자기 상실감을 가졌을 때, 나를 짓밟아 누르므로 고통이 오지만 짓밟힐 수 있다는 자기 상실감에 눈물흘릴 그때부터 주님의 용서의 흔적을 갖게 됩니다. 사단은 우리의 영혼을 짓밟아 외로움의 궁지로 몰아 넣으려 합니다. 그러나 외로움의 궁지 속에서 주님 손 잡고 일어서는 그 희열은 말로 표현할 수 없을 만큼 체험해 본 자만이 가질 수 있는 기쁨입니다. 그것이 흔적입니다. 그러기에 예수님은 우리에게 고통과 고난의 필연성을 갖게 하셨다는 데 주목해야만 합니다.

예수 십자가의 종합적 표현은 수난입니다. 버림받음이 그렇고 죽음에까지 이르신 예수님이십니다. 그분이 그렇게 받으셨기에 나는 안 받아도 되는 것이 아니고 그렇게 길을 열어 놓으셨기에 그 길을 따라 갈 때 그 분께서 승리하셨기에 나도 승리가 보장 된다는 것입니다. 예수님의 고난의 불가피성은 그리스도가 그리스도이기 위함입니다. 제자들도 제자이기 위해서 흔적을 남겨야 한다는 말입니다. 따라오라는 주님의 말씀에는 강요성이 없습니다. 따르는 자의 최후 결단은 자기의 선택이라는 것입니다. 계란과 닭을 놓고 어떤 것이 먼저냐고 하듯이 은혜와 감격은 십자가로 향하게 하지만 십자가로 향할 때 은혜와 감격이 솟아나게 됩니다. 용서받은 기쁨이 있기에 용서하게 되지만 용서하는 용기를 가질 때 용서받는 기쁨을 누릴 수가 있다는 것입니다.

예수님 십자가 사랑의 원리에 매이는 것은 흔적을 창출해 가는 통로가 됩니다. 다시 말하면 인간이 가지고 있는 자기 권리가 전적으로 포기되어 주님만으로 가능하다는 원리가 적용될 때 십자가 흔적으로 쌓아 가는 삶을 산다는 것입니다. 예수님 마음을 품고 예수님처럼 살기를 원하시기 바랍니다. 하나님께서는 "오직 심령으로 새롭게 되어 하나님을 따라 의와 진리와 거룩함으로 지으심을 받은 새사람을 입으라"고 하셨습니다(엡 4:23-24). 이러한 삶이 바로 예수님의 흔적을 담고 산다는 것을 의미합니다.

예수님의 흔적을 닮게 되면 우리의 인격이 변화되어 빛을 발하는 삶이 됩니다. 분노의 벽을 무너뜨리게 되고 불안한 기초는 든든하게 세우게 되므로 하나님 사랑으로 삶의 흔적을 만들어 가십니다. 순결한 마음, 평안한 마음, 신령한 마음으로 재창조하여 그리스도의 형상을 본받게 하십니다(골 3:10). 구원받은 사랑의 감격에 들어가게 되면 자연스럽게 주님의 삶의 흔적을 꿈꾸게 됩니다. 그렇다고 거창한 계획이 아닙니다.

예수님의 흔적은 내 가정에서부터입니다. 섬세하게 시간 계획을 세우고 차질없이 자녀들을 돌보는 일부터 시작해서 가족들의 건강을 위해 수고를 아끼지 않는 일, 하나님을 섬기는 부모로서 여러 가지 면으로 자녀들에게 혼란을 주지 않으려는 애씀도 그리스도인의 흔적으로 예수님께서는 점수를 주실 것입니다. 한 걸음 더 나아 간다면 교회와 사회의 일원으로 그리스도인의 빛을 비추려는 열정을 갖고 살아간다면 그 또한 그리스도인의 흔적을 남기는 일이 됩니다.

Ⅳ. 그리스도인의 상담

2005년 무역센터 신우회를 방문하면서

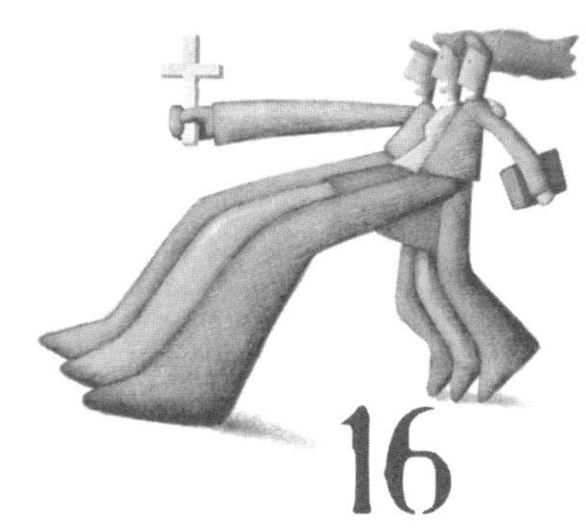

성장하는 그리스도인

1. 성장은 감당할 몫을 늘리는 것입니다.

2. 성장은 책임량이 많아 집니다.

3. 성장은 시간 활용이 넓어 집니다.

4. 성장은 내 문제를 뛰어넘어 다른 사람의 문제까지
   감당해 줍니다.

지식이 쌓이면 선택의 폭이 넓어집니다. 그렇지 않으면 보통사람보
다 더 많은 책망을 받게 됩니다. 성장은 학습에서 옵니다. 많이 배웠

어도 행동으로 옮기지 않으면 아무것도 기대할 수 없습니다. 성장이 없다는 말입니다. 성장하는 그리스도인은 구별된 언어를 구사하게 하고 책임 있는 행동이 따릅니다. 고통이나 고난을 직면했을 때 성숙된 변화를 창출할 수 있듯이 높은 지식과 깊은 사색을 직면하게 되면 그 또한 성숙된 인격의 변화가 찾아 옵니다. 내가 생존해야 하는 경쟁 속에서 또 다른 사람을 만나고 관계를 맺는 이 모든 일들이 성장하는 길입니다.

옛날 웃 어른들께서는 말씀하십니다. "나이는 그냥 먹는 것이 아니다." 성경은 어른들에게 가서 지혜를 구하라고 했습니다. 그리고 백발은 영화의 면류관이라고 했습니다. 그리스도인의 성장의 절정은 자기 시각으로 세상을 보던 것을 하나님의 시각으로 보는 눈이 떠지는 것입니다. 자신의 시각으로 힘들고 지친 자들을 볼 때는 그렇게 살 수밖에 없다는 판단과 정죄의 눈으로 외면할 수밖에 없었지만 하나님의 시각으로 그들을 볼 때는 내가 많은 혜택을 누리고 있기에 저들이 어려움을 겪고 있다는 생각이 듭니다. 이러한 진리를 깨닫기까지는 얼마나 많은 덫들이 가로 막고, 원망하고, 불평하는 코스에서 인격이 정지하게 됐는지 생각해 봅니다. "너는 도를 행하는 자가 되고 듣기만 하여 자신을 속이는 자가 되지 말라" 야고보서의 말씀입니다. 아는 만큼 행동의 책임을 져야 한다는 것입니다. 다시 말하면 행함이 없으면 성장은 멈추고 있다는 말입니다. 성장의 가치를 높이기 위해 많은 것을 배워야 합니다. 행복의 지수는 지성의 지수와 맞물리기 때문입니다. 지성은 키워야 하고 성장해야 합니다. 배워야 하고, 행해야 한다는 말입니다.

행복한 가정과 아름다운 사회를 만들기 위해서는 지성의 지수를 힘써 높여 가야 합니다. 날마다 규칙을 정하고 그 정해진 규칙에 자신을 굴복시켜 나가는 훈련을 반복적으로 해야 합니다. "매일 정해진 시간에 무릎 꿇고 주님께 기도하는 생활, 내면의 질서를 잡기 위해 매주 책 한 권씩 읽어야겠다는 자기와의 약속, 성경 말씀으로 하루 일과의 문을 여는 습관을 갖는 일" 그러한 생활이 자신의 인격의 가치를 높여 줍니다. 건강한 몸 관리도 성장하는 인격으로 이어집니다. 건강한 몸은 건강한 정신이기 때문입니다. 서두에도 말했지만 성장은 감당할 몫을 늘리는 것이고 시간 활용을 넓히는 것입니다. 성장하지 못하는 요인을 살펴보면 항상 바쁘다는 말을 많이 사용하는 사람, 특히 건강 관리에 무책임한 사람을 보게 됩니다. 늘 원망과 불평을 하며 이웃에 대한 판단이나 지적을 부끄럽지 않게 내 뱉는 사람들을 보게 됩니다. 성장이 멈추어 있기 때문입니다.

그러므로 그리스도인은 그리스도 예수 안에서 새로운 피조물을 바라볼 수 있는 눈이 떠져야 합니다. 예수님의 시각으로 볼 수 있는 눈이 떠지게 되면 가장 먼저 자신을 보게 됩니다. 자신을 얼마만큼 볼 수 있느냐가 성장의 척도이기도 합니다. 자신을 보는 사람은 성장의 기능이 활발하게 살아 움직입니다. 혹 문제가 있더라도 문제가 되지 않습니다. 수학을 배우면 산수가 아무것도 아니듯이 자신을 알게 되면 어떤 어려운 고지라도 점령할 수가 있기 때문입니다. 문제는 자신을 아는 성장입니다. 내가 나를 아는 것이 아니고 "주님이 보시는 나를 내가 보는 것" 그것이 나를 아는 것입니다. 나 자신은 괜찮은 사람인 줄 알았는데 마음이 무척 넓고 관용이 많은 줄 알았는데 말씀에 부딪치면서 직면하는 문제 앞에 섰을 때 무척이나 작고, 옹졸하고, 세심하고, 욕심 많고, 이기적인 자신을 보게 됩니다.

자신을 아는 것으로부터 오는 실망과 좌절 속에서 용기를 잃어버리고 부끄러워 움츠릴 때 주님의 위로가 옵니다. "너의 끝은 나의 시작이니라, 염려하지 마라, 내가 너와 함께 하리라, 내가 너를 붙들어 주리라." 그렇게 주님의 음성을 듣고 일어설 그때가 바로 그리스도인의 영적 성장의 출발이 됩니다. 다시 말해 자신의 정체성을 알게 되면 힘들지 않는 삶을 살게 됩니다. 자기가 어떤 사람이라는 것을 알게 된 그 지점을 잊지 않는다면 그리스도인의 삶을 살기가 절대 힘들지 않습니다. 그러나 그 지점을 잊어 버리면 그때부터 또 힘들어 집니다. 내가 죄인이라는 것을 알게 된 것과 무가치한 존재요 옹졸하고 이기적인 존재라는 것을 알고 난 후 그리고 그것이 인간의 실존이라는 사실을 깨닫게 되므로 말미암아 모든 것을 주님께 맡기고 의뢰할 때 주님으로부터 책임져 주시겠다는 결재가 떨어집니다. 그러기에 더 높은 인격성장의 고지에 다다르려면 더 깊이 숨겨있는 내 안의 나를 발견하여 끄집어 내야만 합니다. 꽁꽁 묶어 놓고 깊이 묻어 놓고 들키지 않으려고 숨겨 놓은 나를 과감하게, 용기 있게 풀어내어 놓으십시오. 그만큼 성장합니다. 성경에 바울 사도의 가치관은 "살든지 죽든지 내 몸에서 그리스도만 존귀케 되기를 원하노라" 내게 사는 것이 그리스도니 죽는 것도 유익하다고 했습니다. 그리스도 예수님을 위한 일이라면 어떤 일도 두려울 것이 없다는 말씀입니다. 내가 세상을 어떻게 살아야겠다는 것과 내 가정, 내 자녀들 앞에서 교육적인 면으로 어떤 자세로 본을 보이며 살아야겠다는 각오와 결심으로 가치관이 세워져야 한다는 말입니다.

인생은 되는대로 사는 것이 아닙니다. 태어난 목적이 있고 가치 있게 살아야 할 의무가 있습니다. 요즘 수 많은 가정이 붕괴 되고 어린 자녀들이 거리로 나가 방황하고 헤매는 경우를 많이 봅니다. 매우 안타까운 일이 아닐 수 없습니다. 혼인 서약은 여러가지 면에서 성장을 발돋움하는 것입니다. 그때 그 순간 혼인 서약을 통해 이미 삶의 가치관 정립을 해야만 바람직한 가정의 출발이 됩니다. 그것이 잘 이루어지지 않은 결과가 사회를 혼란하게 합니다. 가정을 파괴하는 이혼은 온 세상을 어둡게 하고 전쟁의 불씨를 만들고 불행의 원인을 제공하게 됩니다. 인격 성장의 기능이 암초에 걸린 것입니다. 성장의 기능이 활발하지 않을 때 매사를 짜증스럽게 받아들이게 됩니다. 본인도 괴로운 일이지만 그를 둘러싼 모든 사람들도 괴롭다는 것을 알아야만 합니다. 이렇듯 인간은 나이답게 성장해야 합니다. 아이 어른도 아니고, 어른 아이도 아닌 나이다운 인격은 참 중요합니다. 결국 그들이 소수라 할지라도 하나님은 그들을 통해 세상을 아름답고 밝게 세워 갑니다.

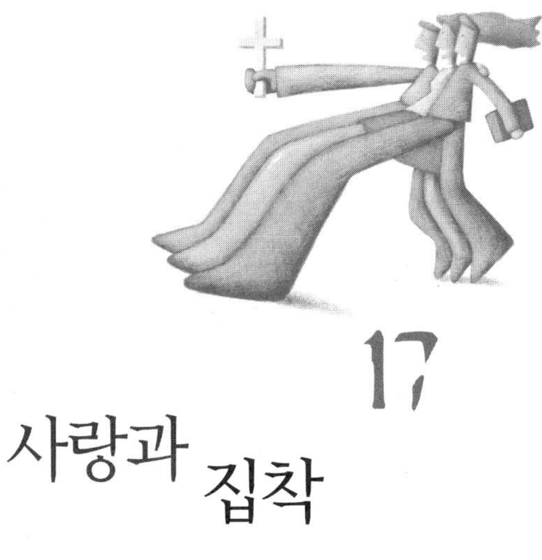

사랑과 집착

17

완전한 사랑은 그리스도 예수의 십자가로부터 입니다. 십자가의 사랑을 통해서 개인적 권리가 주장되고 독립성 기능이 발달하므로 성숙한 인격으로 형성됩니다. 인간을 향한 예수님의 사랑은 나와 이웃의 관계를 뚜렷하게 경계를 두고 각각의 인격을 존중하게 합니다. 특히 부모와 자녀의 관계, 부부관계, 친구관계, 목사와 성도의 관계, 전문 상담자와 내담자와의 관계 등등. 어떤 관계도 몰입하거나 밀착되는 것을 원치 않으십니다. 확실한 독립으로 개인적 권리를 갖게 합니다. 그것이 예수님의 사랑입니다.

기독교 국가들을 방문해 보면 개인의 생활을 철저하게 존중하는 것을 보게 됩니다. 어린 아이들에게도 자기 입장을 주장할 권리를 부여할 뿐만 아니라 존중해 줍니다. 개인적 권리가 보장되므로 건강한 자유를 누리게 됩니다. 한편 집착은 일방적인 생각과 행동이 작용된 것입니다. 자신의 존재는 없고 오로지 집착의 대상만 보일 뿐입니다. 무척 희생으로 헌신하는 것 같지만 정작 상대에게 부담을 준다는 것이 문제입니다. 자신의 삶을 포기할 만큼 의존하고 있기 때문에 상대는 피하고 싶은 충동을 가질 수 있다는 것을 알아야 합니다. 물론 집착증에 매인 자는 상대를 감지하지 못한다는 것도 알아야 합니다. 집착의 증상을 나열해 보면 과민 반응형, 몰입형, 비현실적 기대형 등이 있습니다.

이러한 증상의 발상지를 살펴보면 스스로 견디어야만 되는 외로움이나 고통의 한계에 부딪쳤을 때 뛰어넘지 못하고 자기 비하로 몰입하게 됩니다. 억울하게 수치와 모욕으로 공격을 받을 때, 변명조차 할 수 없을 만큼의 엄청난 상실감에 빠져 자신의 가치를 매우 깊은 수렁으로 끌어내리게 됩니다. 그 수렁에서 형성된 증상 중 하나가 집착입니다. 집착은 깊은 외로움과 두려움 가운데서 불안과 공포를 헤집고 나오려는 몸부림으로 무엇인가 잡은 것이 집착으로 이동된 것입니다. 놓아 버려도 얼마든지 살 수가 있는데 놓지를 못하는 것이기에 집착증이라고 합니다. 집착은 상호 파괴적입니다. 서로 집착으로부터 벗어나는데 지혜를 모아야 합니다.

집착에 관계된 예를 들어 보면 의부증이나 의처증이 있고 마마 보이, 파파 걸 이러한 용어들이 곧 증상입니다. 비근한 예로 마마 보이 남편을 만난 여자는 결혼생활 하기가 무척 어려워집니다. 마마 걸 아내를 만난 남자 역시 원만한 결혼생활을 할 수가 없게 됩니다. 가정 문제, 이혼 문제로 상담을 하다 보면 깊이 감춰져 있는 것이 바로 이런 문제입니다. 결혼을 하면 독립해야 한다고 하지만 그 증상을 떼어 버리기가 쉬운 일이 아닌 것 같습니다. 집착형으로 자녀를 잘못 길렀기 때문입니다. 여기에서 말하는 집착형은 여러 가지 중에 한 가지 일 뿐입니다. 건강한 부모님의 사랑은 자식이 독립할 수 있도록 훈련하고 키워 갑니다. 자기 위치를 확실하게 자리잡은 사람은 다른 사람에게 도움을 주면서 살아 갑니다. 모든 관계에서 맺고 끊을 수 있는 권리가 자신에게 있다는 것을 인식하고 당당하게 살아가는 것이 건강한 사회를 만듭니다(창 2:24). 남자가 부모를 떠나 그 아내와 연합하여 둘이 한 몸을 이룰지라(엡 5:31). 사람이 부모를 떠나 그 아내와 합하여 둘이 한 육체가 될지니 이 비밀이 크다고 했습니다.

인간은 결혼이라는 예식과 동시에 한 가정을 이루므로 부모의 간섭을 떠나도 될 만큼 독립이 되어야 합니다. 무엇보다 경제적 독립이 있고 정신적 독립이 있습니다. 누구의 기대도 간섭도 받지 말고 단 두 사람의 힘으로 세상을 버틸 줄 아는 힘을 길러야 합니다. 이러한 삶들이 하루 아침에 이루어 지는 것이 아니고 이미 성장의 과정에서 그 가정의 문화가 그러한 힘을 길러 주어야 합니다. 인생의 수레바퀴는 멈추지 않고 돌아갑니다. 역기능으로 살아온 삶을 순기능으로 돌리는데는 엄청난 에너지가 필요합니다. 이미 잘못된 생활이었다면 지금이라도 수정하여 순기능으로 삶의 사이클을 돌려놓아야 합니다. 집착형 마마 보이는 무능합니다. 무능한 남편을 바라보는 아내는 더 낙심하게 됩니다. 외로움과 불안으로 상실감에 빠지게 됩니다. 남편의 실존을 잡고 있는 것이 아니고 남편의 허상을 잡고 있기 때문입니다. 집착은 무서운 병의 근원입니다. 개인이나 가정 뿐만 아니고 사회를 어둡게 하는 근원이 됩니다.

사랑은 홀로 설 수 있도록 도와 줍니다. 건강한 사랑을 받은 자녀는 거리낌 없이 당당하게 자기의 위치를 확보해 갑니다. 뿐만 아니라 다른 사람의 버팀목이 되어 주기도 합니다. 그리고 어두운 세상을 밝게 만들어 갑니다. 건강한 사랑을 주고 건강한 사랑을 받을 때 아름다운 세상을 만들어 갑니다. 지나치게 부모를 의존하게 하는 일도 집착의 근원이 될 수가 있다면 너무 냉정한 태도로 개인의 권리를 주장하게 하는 것도 바람직한 교육만은 아닌 것 같습니다. 이 둘 사이에서 슬기롭게 조절하고 조율할 수가 있다면 그것은 완전한 사랑입니다.

권면의 말

사람이 상식을 벗어난 행동을 했을 때 바르게 잡아 주려고 권면하는 말이 충고라고도 합니다. "사람이 만일 범죄한 일이 드러나거든 신령한 너희는 온유한 심령으로 그러한 자를 바로 잡고 네 자신을 돌아보아 너도 시험을 받을까 두려워하라"(갈 6:1). 어떻게 처신하는 것이 올바른 것인지 자세히 말해 주고 있습니다. 충고는 함부로 하지 말고 온유한 심령으로 하라고 했습니다. 너 자신에게도 문제되는 일은 없는지 반드시 돌아볼 것을 말해 줍니다. 충고의 말이 자극될 수는 있지만 감동을 주기는 쉽지 않은 일입니다. 주변을 돌아보면 옳은 말을 듣지 못해 행하지 못하는 것만은 아님을 얼마든지 볼 수 있습니다. 다만 감동을 받지 못해 돌아서는 용기를 내지 못합니다.

　감동은 어떤 사람을 통해서 전의되고 있는지 생각하게 합니다. 성경에 요셉이라는 인물을 보면 항상 잔잔한 감동을 받게 됩니다. 특별히 아버지의 사랑을 받는 일로 인하여 형제들의 시기의 대상이 되었지만 항거하거나 반항하지 않고 순응하는 그의 태도는 지금 현 시대에 많은 귀감이 됩니다(창 37:47). 특히 자기를 애굽에 팔아넘긴 형제들을 만났지만 과거를 들추어 내면서 따지거나 그렇게 인생을 살면 안 된다고 충고 한마디쯤 할만도 하지만 그는 침묵하였습니다. 오히려 형제들의 마음이 민망할까 봐 미리 하나님께서 하신 일이라고 변명해 주는 일로 형들의 마음을 평안하게 위로해 주었습니다. 성경은 바른 생활의 백과사전입니다. 하라, 하지마라의 반복입니다. 그러나 성경을 통해서 충고를 받고 마음 상해 본 적은 없습니다. 성경이 가르쳐 주는 말씀 속에는 우리를 향한 희생의 값을 치루신 십자가 사랑이 담겨 있기 때문입니다. 성경 말씀은 수십 번을 읽어도 여전히 감동적입니다. 자신이 누군가를 충고하고 싶을 때는 먼저 주님 앞에서 인정을 받아야 합니다.

　알고 보면 상담자도 충고하는 사람이 아닙니다. 상담자는 들어주고 함께 나누고 함께 연구해 가는 동역자입니다. 잘못된 예언자나 점쟁

이들은 충고를 잘 합니다. 그것도 큰소리치면서 충고하는 모습을 언젠가 본 적이 있습니다. 생각해 보아야 합니다. 사랑하지 않으면 함부로 충고하지 않아야 된다는 것입니다. 사랑 없는 권면은 폭력이기 때문입니다.

충고받은 것이 상처가 되어 대인 기피증에 사로잡힌 사람을 만난 적이 있습니다. 사랑하기 때문에 말해 준다는 그럴듯한 그의 의도는 아랑곳 없이 충고의 말에 상처가 되어 멍이 들어 버렸다면 이미 악의 순환을 일으키고 있는 것입니다. 장점이 보이지 않으면 단점도 말하지 마십시오. 차라리 주님께 그분을 위하여 기도로 맡겨 드리는 일이 더 큰 효과를 거둘 수 있습니다. 인간은 누구나 금이 가고 깨어진 자입니다. 이 세상에 누구도 예외가 될 수 없다는 것입니다. 상대의 금이 가고 깨어진 것이 보이면 나 또한 깨진 자임을 인정해야 합니다. "의인은 없나니 하나도 없다"라고 했습니다(롬 3:10). 예수님께서는 간음한 여인을 끌고 나온 백성들 앞에서 "죄 없는 자는 돌로 이 여인을 치라"고 말씀하셨습니다. 주님의 말씀을 듣자 모두 가지고 왔던 돌을 놓아두고 그 자리를 떠났다고 했습니다. 더 중요한 것은 주님도 그 여인에게 "나도 너를 정죄할 수 없으니 다시는 죄를 짓지 말라" 하셨습니다. 우리가 해야 할 일은 사랑밖에 없습니다.

사랑은 모든 허물을 덮습니다. 사랑은 무례한 행동을 하지 않습니다. 사랑은 오래 참습니다. 그 참음으로 인하여 그를 변화의 길로 인도할 수 있다면 당신은 훌륭한 그리스도인입니다.

19

이상적 상담

상담은 들어 주는 것이 최고의 상담이라는 것은 누구나 다 알고 있습니다. 사실입니다. 상담 치료에 가장 중요한 것은 귀기울여 들어주는 것입니다. 인간 사회에 존재하는 여러 가지 문제들과 정신 질환이나 노이로제 등, 스트레스로 인하여 인간성 상실은 물론, 현대 사회는 상담의 필요를 갖고 살아갑니다. 복잡한 사회 문명 속에 자신의 정체를 잃어버리고 삶의 방향 감각을 잡지 못하고 살아가는 경우를 흔히 보게 됩니다. 기독교 문화도 마찬가지입니다. 구원받은 백성으로 믿음의 반열에 서서 말씀으로 뿌리를 내리고 무장하여 성령의 인도하심 따라 살아야 하며 내 자신 어디쯤 왔으며 무엇이 부족한지 점검 하는 자세로 생활화해야 합니다. 그럼에도 불구하고 그 삶의 어느 한 부분이 균형을 잃었을 때는 상담자를 찾게 됩니다. 상담자는 내담자로 하여금 자신의 위치를 찾게 해주고 적극적으로 살아갈 수 있도록 안내해 주어야 합니다. 그렇다고 어떤 말로 권면하거나 충고하는 것보다는 흔들리지 않는 자세를 갖고 적극적인 관심과 사랑을 갖고 대하므로 변화와 성장이 이루어집니다.

대다수의 내담자는 상담자를 찾아 문제를 해결하기 원하지만 실상은 도움받기 위해 문제를 드러내어 놓으면서 스스로 바람직한 답변을 정리해 갑니다. 한편 상담자가 어떤 자세로 들어 주느냐에 따라 정도의 차이가 있기도 합니다. 크리스천의 상담의 목적은 장애물을 정면으로 부딪치게 하여 그것을 극복하도록 돕는데 있어야 합니다. 하나님 말씀을 중심으로 하되 이웃에 대한 사랑을 촉진 시키게 하므로 누구와도 공유할 수 있는 인격으로 이끌어 주는 것입니다.

상담은 냉정해야 합니다. 지나친 동정이나 무조건 동의는 오히려 상담의 실패를 가져오게 됩니다. 물론 너무 빠른 결론을 내려 주는 일도 바람직하지 않습니다. 그러기에 상담자는 말씀에 대한 풍부한 지식을 갖추고 기술적인 지혜를 활용할 수 있어야 합니다.

내담자는 범죄와 분열의 암초에 걸려 마음에 상처를 입고 상실감에 빠져 상담자를 찾아 옵니다. 그때 상담자는 내담자에게 우선 주변 사

람들과의 어색한 관계를 회복하게 하고 화해를 통해 새로운 삶을 창
조하도록 도움을 주어야 합니다. 상담자는 기독교 상담으로 신앙의
확신을 심어주고 숨은 잠재력을 일깨워 주어 변화를 갈망하도록 도와
야 하며 뚜렷한 주체 의식을 심어 주어야 합니다.

그럼에도 불구하고 오늘날 크리스천들마저도 바람직한 인간관계
를 맺지 못하는 안타까움이 있습니다. 속내를 털어놓고 이야기 했다
가 그로 인하여 상처받을까 조심스러운 나머지 거리감을 두거나 혹은
자기 방어에 급급한 경우를 흔히 보게 됩니다. 알고 보면 인간 관계를
깊이 맺을 수 있는 통로는 고통이나 아픔을 드러내 놓고, 공허하고 절
망하는 어두운 부분들을 노출시켜야 합니다. 그러므로 이토록 깊은
인간 관계는 삶을 부요하게 하는 촉진제가 됩니다. 오늘날 스트레스
의 주된 원인은 인간관계를 순조롭게 풀어가지 못하는데 있습니다.
믿지 못하고 의심하고 두려워하는 가운데 서로의 관계는 형성될 수가
없습니다.

상담자는 체험적으로나 지식적으로나 자신의 깊은 내면의 상처를
통해 새로운 삶을 발견하였기에 영적인 산파역을 감당하는 것입니다.
그렇듯 자신의 실패와 실수와 허물 등을 내어 놓을 수 있을 때 인간관
계의 매듭은 풀어집니다. 예수님의 생애를 뒤돌아 보아도 어디 하나
숨기는 일 없이 개방하신 가운데 능력으로 일하셨음을 봅니다. 바울

도 약한 것을 자랑할 그때 주의 크신 능력이 내게 머물더라고 했습니다(고후 12:9-10). 멸시받거나 무시당할 수 있는 것들을 솔직하게 드러내 놓는다는 말씀입니다. 그것은 그 후에 오는 멸시나 천대를 감수한다는 뜻도 됩니다.

그러므로 상담자는 신학적 뿌리를 깊게 하므로서 진리와 말씀으로 학문적인 위치를 바로 잡아야 합니다. 다시 말하면 말씀의 통찰력을 가지고 고난 받는 사람들을 돕기 위해 하나님이 주시는 지혜가 있어야 합니다. 사람들은 사랑받으려는 욕구와 사랑하려는 욕구가 있습니다. 사랑받으려는 욕구 속에는 자신이 타인에게 가치있는 존재임을 인정받고 싶은 욕망으로 표출됩니다. 그러나 모든 사람들이 그러하듯이 상대에 대한 천부적 가치를 인정해 주는 일 보다는 오히려 다른 사람을 조종하거나 이용하여 그 사람의 가치를 감소시키려는 경향을 흔히 보게 됩니다. 이토록 인간관계의 얽히고 설킨 복잡한 매듭을 풀어가기 위해서는 자유자재로 다룰 수 있는 말씀의 기능적 기어 장치가 있어야 합니다.

어떤 분야에서든지 다양한 도구가 필요하듯이 상담자에게는 말씀으로 기능적인 여러 면의 도구들이 준비되어야 합니다. 그때그때 적절한 방법으로 준비된 말씀의 도구를 사용해야 하고 융통성 있고 독창성 있게 적용하므로 훌륭한 상담자가 될 수 있습니다. 남이 알까 두려운 상처를 끌어안고 생활에 무거운 짐을 지고 살아가는 사람을 만났을 때는 그들의 내면 속으로 들어가 그들의 마음을 달래고 그들의 가야할 길에 안내를 하면서 함께 울어 주고 함께 아파하는 것이 크리스천 상담의 본질이 아닌가 생각하게 됩니다.

더 효과적인 상담이라면 내담자의 성장을 방해하는 장애물을 발견하여 그것을 제거하도록 도움을 주어야 합니다. 그토록 민감하게 다루어야 하는 것은 상담자로서 당연한 몫입니다. 예수님은 민감함의 대가이셨습니다. 사람들의 삶의 이면에 숨어있는 실체들을 보고, 듣고, 느끼며 그에 따라 적절한 행동이나 반응으로 결정할 수 있는 독특한 능력을 발휘해야 합니다. 베드로는 그리스도 앞에서 무릎을 꿇고 "주여 나를 떠나소서 나는 죄인이로소이다"라고 했습니다. 예수님의 놀라운 권세와 능력을 깨닫고 두려움 가운데 엉겁결에 고백한 말입니다. 그러나 민감함의 대가이신 예수님은 베드로의 말에 의존하시지 않으셨습니다. 왜냐하면 베드로의 속 마음은 두려움에서 나왔기에 주님은 즉시 베드로를 안심시킵니다.

"베드로야 두려워 말라 이제부터 너는 사람을 낚는 어부가 될 것이다." 이렇듯 예수님의 놀랍고 친밀한 우정으로 베드로는 주님의 제자가 되었습니다. 열 두 제자가 충성을 장담할 때도 그들이 그 약속을 지킬 준비가 되어 있지 않다는 사실을 알고 계셨습니다. 그러므로 제자들의 충성된 의지를 받아들이지 않으시고 오히려 그들의 연약함을 온전히 이해하시고 깊은 침묵의 시간으로 대처하시고 기도로 본을 보여 주셨습니다.

예수님은 아무도 볼 수 없는 것을 보고 계셨기에 사람의 말을 기다리거나 귀기울이지 않으셨습니다. 더 더욱 제자들의 눈치를 보시거나 입장을 고려할 필요 조차 없으신 분이셨습니다. 예수님은 이 땅의 사람들 가운데서는 찾아 볼 수 없는 민감성을 지니신 분이셨습니다.

민감이란 촉각, 미각, 시각, 청각, 후각을 통하여 사물에 대한 판단을 내릴 수 있는 능력입니다. 이러한 오감을 통해 정보를 얻어 적절히 활용해야 합니다. 한편 민감하지 못한 사람은 자신의 행동이나 말이 다른 사람에게 어떤 영향력을 주는지에 대하여 별다른 느낌이 없다는 것입니다. 다른 사람이 당황하고 있음을 알려주는 신호들을 읽을 줄 모르거나 읽기를 거부합니다. 다른 사람의 입장을 고려해 평안과 안정을 주기 위해 다른 사람에게 새로운 용기를 줄 수 있는 일은 외면하고 지나갑니다. 그렇듯 다른 사람의 요구나 기대는 귀담아 듣지 않으면서 필요할 때는 자기 사정을 다 늘어 놓기도 하는 당돌함도 있습니다.

상담자로서 민감성이 결여되어 있다면 문제입니다. 이 글의 서두에 상담 치료의 우선 순위는 들어주는 것이라 했습니다. 주님의 종으로 부름 받아 목회의 일선에 서 있는 많은 형제자매들을 만납니다. 아쉬운 것은 언제나 자기 목소리 뿐입니다. 대다수가 다른 사람의 말에 귀기울이지 않습니다. 자기 말만 들으라는 것입니다. 자기 말만 옳다는 것입니다. 자신의 인격적 가치관이 어디쯤인지 모르는 것입니다. 답답합니다. 화가 날 때도 있습니다. 하지만 그들이 있었기에 들어주는 상담자는 탄생하고 성장합니다.

오늘날 세상에서 배워야 할 만큼 배우고 합법적인 절차에 의하여 전문가의 자격 요건을 갖춘 상담자를 찾았을 때 한시간에 많으면 200불, 보통이면 100불입니다. 경제적 능력을 갖춘 사람은 관계 없겠지만 대다수 많은 사람들이 시간과 돈에 자유하지 못하므로 인해 상담자를 찾지 못합니다. 그러한 입장을 대비하여 주님께서는 주님의 말씀과 능력으로 무장시킨 주님의 군대를 이곳저곳에 배치시켜 대처 해 가십니다.

저의 20년 상담을 뒤돌아보면 어느날 자리를 옮기지 않고 내담자와 12시간 동안 마라톤 상담을 한 적이 있습니다. 저녁 6시에 시작하여 새벽 6시까지 그는 어떻게 살았고 어떻게 살아야 할 것을 스스로 정리해 가는 것을 보았습니다. 누군가 자기 심정을 들어 주었다는 것에 위로가 되어 다시 힘을 내고 살아가게 됩니다. 치료 상담에서 들어주는 것도 능력이지만 그 장시간을 통해 자기를 정리해 가는 것도 대단한 지혜입니다. 따지고 보면 양면 모두 주님의 은혜일 뿐입니다. 그때 피차 서로의 눈빛을 떠나지 않아야 하고 정신을 잃지 말아야 하며 그 내용 속에 함께 공유하며, 함께 가야 합니다. 들어주는 사람의 정신력을 어디까지 끌어 올리느냐에 따라 내담자는 그만큼 반응하게 됩니다. 민감성이 결여된 상담자는 내담자가 할 말에 방향 감각을 놓치게 합니다. 그러기에 상담자는 자신이 갖고 있는 진리의 노선에서 이탈하지 말고 정직하고 바른 자세로 들어야 합니다. 겸손하고 온유한 가운데 민감성을 갖고 들어 줄 때 그는 속시원하게 털어 놓고 자기를 비우게 됩니다.

이렇듯 상담의 본질은 권면하거나 가르치는 교육이 아니고 함께 들어 주고 나누는 것입니다. 애정을 갖고 관심을 기울여 들어줄 때 내담자는 안심하고 상황 정리를 잘 하게 됩니다. 그때 상담자는 그가 말하는 언어 뒤에 숨어있는 감정의 소리를 듣게 됩니다. 물론 오감을 통해 민감함을 발휘하게 됩니다. 상담이 시작될 때부터 준비되어야 할 것은 시간을 정해야 하고, 휴대폰을 꺼야 하고, 물컵을 준비하되 가능하면 손수건이나 크리넥스도 준비해야 합니다. 보다 더 효과적인 상담을 위해서입니다.

상담자는 앉는 자세, 방향, 표정 속에 안정감을 주어야 합니다. 내담자가 자신의 삶을 털어 놓으면서 자신의 감정 속으로 상담자를 끌어당기게 됩니다. 그러므로 두 사람은 동시에 마음이 하나가 되어 주님의 빛을 받게 됩니다. 이것이 효과적이고 이상적인 상담입니다.

중보 기도

예수 그리스도께서 십자가에 피 흘려 죽으시므로 세상을 이기신 것처럼 중보기도란 부딪치는 어려운 일들을 기도로서 미리 방패막이가 되어주는 역할이 되는 것입니다.

다른 사람의 어려움을 위해 대신 하나님께 아뢰고 부탁드리는 것이 중보기도이고 좀더 나아가 그 사람의 아픔을 대신 감당하겠다는 건의가 되는 것이 중보기도의 본질입니다. 대표적인 예로 모세의 삶을 들 수가 있습니다. 이스라엘 백성이 우상을 만들고 부정한 행동을 했을 때 하나님께서는 진노하셨습니다. 목이 곧은 백성이라고 말씀하시며 진멸해 버리겠다고 하셨을 때 모세가 하나님 앞에 엎드려 백성을 위해 기도하므로 하나님께서 뜻을 돌이키셨다고 했습니다(출 32:14). 그러나 그 후에 다시 백성이 죄를 범했을 때 하나님의 진노 앞에 엎드려 모세는 한 차원 더 높은 기도를 드렸습니다.

"합의하시면 이제 그들의 죄를 사하시옵소서 그렇지 않으시면 원컨대 주의 기록하신 책에서 내 이름을 지워 버려 주옵소서" 하나님의 생명록에서 자기 이름이 지워진다 해도 백성이 구원받기를 원하는 모세의 기도입니다. 이스라엘의 대표로 모세를 세우신 하나님의 의도를 알 것 같습니다.

중보 기도자를 언급할 때 빼놓을 수 없는 분이 에스더입니다. 하나님의 백성으로 유일하게 궁중에 들어가 에스더는 막중한 임무가 주어지게 됩니다. 그러므로 그는 하나님 음성 듣는데 민감했으며 뿐만 아니라 결정적 순간에는 목숨을 걸고 자기 민족을 위해 기도하였습니다. 그는 자기 동족들에게 금식기도로 지원해 줄 것을 요청하고 자기 자신도 삼일을 정하고 금식에 들어갔습니다(에 4:16). 자신의 유익을 구함이 아니고 국가의 위기를 위해 목숨 걸고 기도한다는 것은 결코 쉬운 일이 아니라는 것입니다. 결국 하나님께서는 하만의 음모에 모르드개를 처형하려던 그 자리에 하만을 처형케 하므로 이스라엘의 위기를 모면할 수 있도록 인도해 주셨습니다. 중보 사역자에게는 그토록 영광스러운 역할을 감당케 하는 상급이 주어지게 됩니다.

하나님께서는 언제나 중보자의 기도에 귀기울이시사 능력으로 나타내 주시고 선한 역사를 이루어 가십니다. 예수님께서 중보의 본을 보여 주신 것 중에 특별히 요한복음 17장이 있습니다. 엄청난 은혜가 쏟아지므로 예수님의 우리를 위한 그 중보의 기도만으로도 힘을 얻고 살아갈 수가 있습니다. 여호수아가 전쟁에서 승리할 수 있었던 것도 모세의 중보기도가 있었기 때문입니다. 중보기도는 영적 전쟁입니다. 영적 전쟁으로 제압을 하게 되면 그 나머지 일들은 이미 승리로 이끌어 갈 수가 있게 되는 것입니다.

피터 와그너는 이렇게 말합니다. "모든 중보는 기도지만 모든 기도가 다 중보가 되는 것은 아니다." 의미 있는 말씀입니다. 중보기도가 중요한 것은 사실이지만 모든 기도가 다 중보의 기도가 아니라는 것은 두말할 필요가 없습니다. 중보기도는 하나님께서 은사로 주신 선물입니다. 특별한 선물을 주실 때는 그 은사를 활용할 수 있는 여건이나 환경까지도 조성시켜 주신다는 것을 기억해야 합니다. 은사는 주셨는데 아직 환경적 여건이 맞지 않는다면 그것은 훈련 과정이기 때문입니다. 주님께 받은 은사를 통해 자기를 자랑하거나 남을 판단하는데 사용한다면 아직 자격 미달입니다. 어떻게 생각하면 누구나 겪고 넘어가는 과정이기도 합니다. 은사는 개인의 공로나 행함으로 받는 것이 아니지만 받은 은사를 활용하는데 있어서는 철저한 노력과 기도를 필요로 한다는 것을 기억해야 합니다. 특히 중보기도는 교회를 든든히 세워갈 수 있는 중심부 역할이 되고 목회자를 맘놓고 목회 일에 전념할 수 있게 하는 모체가 됩니다. 그만큼 중요한 위치가 되기 때문에 그 결정적 위치에 적절치 못한 사람이 임명될 경우에는 그만큼 심각한 사태가 벌어진다는 것도 배제할 수가 없습니다.

상담 사역 20여년 동안 경험하며 깨달은 것 중 몇 가지를 들어보겠습니다.

1. 중보 기도자는 자기 성찰이 철저하게 따라야 합니다. 자기를 비우지 않으면 임무를 수행할 수가 없기 때문입니다. 사단으로부터 참소 받을만한 문제를 털어버리지 못하고 중보기도에 들어갔을 때 사단의 방해로 말미암아 응답이 지연된다는 것을 알아야 합니다. 그 어떤 것보다 자기 성찰에 민감해야 하는 것이 중보 기도자들입니다. "예물을 제단에 드리다가 형제에게 원망들을 만한 일이 생각 나거든 예물을 제단 앞에 두고 먼저 가서 형제와 화목하고 그 후에 와서 예물을 드리라"(마 5:23-24).

2. 비밀을 지킬 줄 알아야 합니다. 중보기도에 내 놓은 문제들을 다른 사람을 통해 전해 듣는다면 심각한 사태가 벌어집니다. 특히 교회의 어려운 사항이나 목사님의 개인적인 문제나 평신도가 들어서 득(得)이 되지 않고 덕(德)스럽지 못한 일들은 얼마든지 있을 것으로 보고 입의 문을 지켜야 합니다. 비밀이라고 하면서 말

하는 것이 문제입니다. 교회를 덕스럽게 세우기 위해 비밀은 비밀이어야 합니다.

3. 중보 기도자는 악을 버려야 합니다. 가만히 있으면 악과 상관없는 것 같지만 어떤 일이 벌어졌을 때 건드리면 무서운 악이 발동합니다.

자기 안에 악을 점검하는 것은 억울한 일을 당해 보면 알게 됩니다. 내 스스로 어떤 반응이 일어 나는지 생각할 필요가 있습니다. 영적으로 깊게 분별하는 사람은 아멘이라는 짧은 언어를 통해서도 상대의 심리를 알게 됩니다. 아멘은 짧은 단어지만 그 소리에 언어가 담겨있고 감정이 담겨 있습니다. 누군가를 의식하는 아멘, 나도 알고 있다는 아멘, 그렇게 하겠습니다의 순종의 아멘, 결단하는 마음 누가 알까 봐 소리나지 않는 아멘, 여러 가지 아멘의 유형을 살펴 보았습니다. 아멘을 들어보면 육이 죽었는지 살았는지 점검이 됩니다.

두려워하거나 불안해 하는 것도 악에 속합니다. 지나친 염려도 악에게 주는 기회입니다. 선한데 지혜롭고 악한데 미련하기를 원한다고 했습니다(롬 16:19). 성경은 악한 사람을 너희 중에서 내어 쫓으라(고전 5:13), 악은 모양이라도 버리라(살전 5:22)고 했으며, 잠언에는 여호와를 경외하는 것이 악을 미워하는 것이라고 했습니다(잠 8:13). 자기 자랑, 자기 우월감, 자기 비하, 자기 열등, 자기 연민 모두가 악에 속한 것입니다. 하나님의 사람이 어둠을 갖고 있다면 사단은 합법적인 권리로 그 어두움을 정복하고 다스리게 됩니다. 악이 있는 곳이면 어디든지 들어가 자리잡고 흔들어 댑니다. 베드로가 주님을 부인하는 악을 품었을 때 사단은 베드로 속에 들어가 어둠의 영권을 잡고 드나들 권리를 가졌습니다. 악이 있는 곳이면 어디든지 언제든지 들어갈 권리를 하나님께로부터 합법적으로 받았기 때문입니다. 악은 모양이라도 버려야 기도의 효과를 기대할 수가 있습니다.

4. 중보 기도자는 언어 경영을 잘 해야 합니다. 영성이 깊어질수록 농담조차도 해서는 안됩니다. 사단은 말꼬리를 잡고 흔들어 댑니다. 사자가 먹이를 물었을 때 다시 물지 않습니다. 일단 문 그 부분을 더 강하게 물고 독을 품고 집중 공격을 하여 결국 쓰러지게 합니다. 사단은 영적인 사람이 한번 실수한 말조차도 그냥 넘겨버리지 않습니다. 마치 그 인격이 전부인 것처럼 확대시키고 다른 사람들의 물망에, 입술에 오르게 합니다. 그러므로 말 한마디의 실수로 모든 공든 탑을 무너지게 합니다. 지나친 방어도 안되지만 언어의 긴장도 적당히 유지되어야 합니다. 언어 경영은 그 삶의 인격을 나타냅니다. 의사 소통을 통해 서로를 알게 하고 인간관계를 형성해 가는데 필요한 것이 언어입니다. 언어에는 힘이 담겨 있습니다. 지배력이 있습니다. 권세가 있습니다(요 1:12). 긍정의 말, 믿음의 말, 격려의 말, 위로의 말, 사랑의 말, 자신을 높이는 말, 상대를 낮추는 말 등등. 마귀는 능력이 있다

고 하지만 우리가 언어 경영을 잘하면 마귀의 능력을 꼼짝 못하게 묶는 권세가 있습니다. 하나님의 자녀다운 언어를 경영하므로 주님 주신 권세를 마음껏 활용하여 늘 승리의 깃발을 들고 살아 갑시다.

5. 중보 기도자는 자기 관리가 깔끔해야 합니다. 가족들의 후원이나 동의가 없이 기도에만 전념을 하게 되면 사단이 틈을 비집고 들어와 훼방을 합니다. 사단은 죄를 먹어야 살기 때문에 겨자씨만한 죄만 있어도 그 틈을 타고 들어옵니다. 불의한 생각이나 엉뚱한 행동의 요소들은 다 사단의 밥이 되는 것입니다. 특히 사단의 영은 중보 기도자들에게 보통 사람보다 더 치밀한 계획을 갖고 넘어뜨리려고 모의를 합니다 그러므로 자기 관리가 준비되지 않은 중보 기도자를 통해 교회에 혼란을 주고 분열을 일으키는데 적극적으로 사용을 합니다. 성경의 가르침을 벗어나는 경우 사단은 그 기회를 절대 놓치지 않고 방해 공작을 펼쳐 갑니다. 중보 기도자는 보통 사람보다 한 단계 더 높은 관리를 필요로 합니다. 가정 관리, 인간 관리, 관계 관리, 경제 관리, 표정 관리, 태도 관리, 더 나아가 영적 관리는 말할 것도 없음을 알아야 합니다. 의에 대한 지나친 자만심은 영적 파장을 일으킬 소지가 되기도 합니다. 교회나 목사를 위해 기도하는 사람이라고 지나친 자부심을 갖게 되면 오히려 그로 인하여 덕스럽지 못한 문제가 될 수 있습니다. 하나님께로부터 받았다는 계시를 들고 하나님보다

더 자신을 위에 두게 된다면 담임 목사님을 지배하게 되는 현상
으로 교회의 질서를 깨뜨리게 된다는 것을 알아야 합니다. 물론
본인은 전혀 그럴 마음이 없다고 하겠지만 상황과 현실을 통해
드러난다는 것을 인지해야 합니다. 중보 기도자로서 영적 조절
능력의 결여가 드러날 경우 묵인하고 넘어가는 것은 사단에게
기회를 주는 것입니다. 따라서 자신에 대하여 실제보다 더 높게
평가하거나 스스로 대단한 위치를 확보하고 있다는 생각을 하게
된다면 무서운 함정을 파는 것이 됩니다. 그러므로 중보 기도자
가 꼭 알아야 할 것은 우리의 완전하신 중보자 예수님께서는 중
보 기도자 외에 또 다른 중보자를 두고 중보 기도자들을 관리하
신다는 것을 인식해야 합니다. 그러므로 영적인 자존심의 포로
가 되지 않도록 이끌어 가시는 주님의 의도를 알아야 합니다. 중
보 기도자이기에 언제나 자기의 현 주소를 드러내어 놓고 나누
고 터치 받고, 치료 받고, 고침 받을 수 있는 영적 자유를 누릴
수 있어야 합니다. 중보 기도자는 영적으로 더욱 민감해서 정복
인지 승복인지 즉각적인 분별을 통해 위계 질서에 혼란을 주지
않도록 늘 힘쓰며 살아야 합니다.

6. 말씀의 전신갑주를 입어야만 합니다. 중보기도의 은사를 받은
   자는 더욱 더 말씀 묵상에 충실해서 그 자리를 지키는 삶이 되기
   를 바랍니다.

7. 중보 기도자는 덕스러운 삶이어야 합니다. 영적 싸움에 앞서 지

혜가 있어야 하고 승리에 앞서 덕이 있어야 합니다. 사단은 덕을 두려워합니다. 특히 겸손 앞에서 기겁을 하고 온유한 자 앞에서 떤다고 했습니다. 겸손과 온유는 그리스도이시기 때문입니다. 사랑도, 능력도, 예언도, 방언도 덕이 없으면 무효가 됩니다. 교회에서 일어나는 모든 비밀을 알고 있는 자들로 덕스럽지 못한 행동이 드러날 때 교회가 분열이 되고 흐트러지게 됩니다. 그때 사단은 쾌재를 부릅니다. 사단은 서로서로의 관계를 서서히 허물어 가고 주님의 사람들이 무방비 상태에 머물도록 미혹합니다. 그러기에 주님께서 당부하신 말씀이 뱀같이 지혜롭고 비둘기 같이 순결하라는 것입니다(마 10:16). 하나님의 지혜와 그리스도의 순결이 융합될 때 영적 승리의 주된 뿌리가 된다는 것입니다. 사단과의 충돌 앞에 지혜가 있어야 하고 승리 앞에 덕이 있어야 사단의 공격을 막게 되는 것입니다.

아담은 낙원에 있을 때 타락했고 요셉은 아버지의 사랑을 독차지했을 때 형제들의 음모에 빠졌습니다. 다윗은 왕으로 궁중을 거닐 때 범죄를 했고 아브라함은 믿음의 조상이라는 자부심에 이스마엘을 낳았습니다. 지나친 자만심은 넘어질 수 있는 함정을 파는 것입니다. 내가 어느 위치에 처해 있든지 모든 것이 하나님의 은혜임을 알고 겸손히 순종해야 합니다. 중보 기도자로 하나님이 주신 영적 권세를 "맡은 자의 자세"로 충성해야 하고 다른 영혼을 불쌍히 여기는 심령으로 사용하되 결코 주제넘은 행동을 하지 말아야 합니다. 뜻은 좋지만 경박한 자세로 영적 전투에 임했던 수많은 그리스도인들이 크게 마음에 손상을 입었다는 사실을 기억하고 언제나 덕스럽게 사는 방법을 모색해야 합니다.

※ 참고 성경-벧후 1:5-7, 살전 5:11, 고전 14:26, 롬 14:13-19, 롬 15:2, 고전 13: 고전 14:1-5, 잠 18:20-21.

주님의 영광을 위해 덕스럽게 주어진 임무를 수행하므로 끝까지 쓰임 받는 자들이 되기를 바랍니다.

V. 하나님을 아는 지식

2005년 한국 방문시 분당 매일교회 교우들과 함께

21. 가치관 | 22. 자유와 갈망

23. 구원받은 자는 | 24. 자기 정체성

21

가치관

어떤 사람은 사람을 평가할 때 음식에 비유를 듭니다. 음식은 짜고, 맵고, 달고, 쓰고, 시기도 합니다. 이처럼 사람도 맛이 있는 사람이 있고, 맛이 없는 사람이 있다고 합니다.

또 어떤 사람은 사람을 향기로 비유를 들기도 합니다. 은은한 향기, 감미로운 향기, 정서적으로 안정감을 주는 향기도 있습니다. 향기의 종류도 천차만별인 것 같습니다. 또 다른 사람은 사람의 인격을 중량에 두기도 합니다. 그것은 사람마다 지니고 있는 가치가 있다는 것을 입증해 주기도 합니다. 모든 만물도 가치가 존재하듯이 그리스도인은 주님의 말씀 안에 기초를 세운 인격의 가치관이 세워져야 한다는 말씀입니다. 앞으로 나의 남은 인생을 어떻게 살 것이며 돈은 어떻게 사용할 것이며 명예가 주어졌을 때 어떻게 활용하며 살아야 할까를 정립한 것이 그 사람의 가치관이라 말할 수 있습니다.

사람이 생각하는 가치와 하나님께서 부여해 주시는 가치는 전혀 다릅니다. 주님의 말씀을 모를 때는 자기식 가치관으로 밀어 붙이고 살았지만 주님을 알아가면서부터는 진리에 근거한 가치관이 확립되기 시작합니다. 그러면서 여러 가지 갈등과 혼란을 겪기도 합니다. 주님을 모를 때 갖고 살던 가치관은 사단이 주는 정보에 근거한 것이고, 하나님께서 주시는 가치관은 진리의 말씀에 의한 것입니다.

다시 말하면 영원한 세계를 기초로 사실에 입각한 가치를 부여해 주는 것입니다. 사단은 일시적이고 거짓된 것에 근거를 두고 사람들을 미혹하기 때문에 결국은 헛된 삶을 살았다고 후회하게 합니다. 속고 살았다는 실상이 드러나므로 분노의 눈물을 흘리게 되는 것입니다. 감미로운 향기를 풍기며 아름다운 꽃을 피어 수많은 사람들의 눈길을 끈다 해도 곧 그 인간적 가치는 시들어 버릴 것입니다.

세상에서 가장 호화롭고 사치하게 사는 인생이라 할지라도 늙고 병들면 장미가 그 향기를 잃어가고 시들어 가듯이 우리 인생도 그렇게 된다는 것입니다. 그러나 영원한 세계에 눈을 뜨고 사는 사람은 그 삶의 가치가 확실히 다릅니다. 하나님께서는 우리에게 그 가치를 갖게 해 주기 위해 여러 방면으로 우리의 삶을 인도해 주십니다. 어떤 사람은 병원 침대에 눕고서야 가치를 알게 되었고, 어떤 사람은 사형 선고를 받은 후 삶의 가치관을 바로 정한다고 합니다. 또한 사업에 실패한 후 물질적인 고통으로 말미암아 삶의 가치관을 바로 정하기도 합니다. 자신의 힘으로, 지식으로 가능할 때는 세상 가치관에 의해 살다가도 자녀들의 빗나간 행동으로 일어나는 여러 가지 사건을 통해 부모의 가치관은 물론 가정 문화의 가치관까지도 바로 세우는 것을 보게 됩니다. 특히 한국의 문화권속에 태어나 부모로부터 받은 정보에 의해 형성된 가치관은 세상적 가치관이라 볼 수가 있습니다.

사단에 의한 표면적 가치관, 진리의 의한 내면적 가치관

꽃을 꽃으로 보는 가치가 있고 꽃을 보면서 그 꽃을 피우게 하신 창조주를 생각하는 가치가 있습니다. 눈에 보이는 것과, 손에 잡히는 것이 있을 때 성공했다는 가치 평가가 있고 그것을 뛰어넘는 가치 평가가 있습니다. 가난하고 배우지 못한 것이 부끄러워 위축받는가 하면 그 삶을 통해 영원한 세계를 바라보고 진리의 말씀에 근거한 가치를 갖게 되기도 합니다. 여러 가지 환경의 조건으로 배우지 못하였고 처음부터 즉 태어나면서부터 가난과 궁핍으로 시작된 삶이었기에 그것이 부끄러워 자기 스스로 자기를 끝없는 현실 속에 가두어버리는 가치관을 가진 자도 얼마든지 있습니다. 그는 그 굴레에 지체하면 할수록 그 주변 사람들에게 고통을 안겨 줍니다. 자기의 잘못된 가치관 속으로 다른 사람을 끌어들여 자기를 정당화하려는 고집을 피우기 때문입니다. 그러나 생각을 좀 달리하여 지난날의 가난은 부끄러운 것이 아니였음을 밝히게 되면 좀더 자유로울 수가 있게 됩니다.

더 나아가 진리의 말씀 속에서 자신의 가치관을 정립할 수 있다면 더 바랄 것이 없게 됩니다. 성경을 보면 솔로몬은 인생의 낙을 누리는 데 가치를 두었고 바울사도는 그리스도의 고난에 참예하는데 가치를 두고 살았습니다. 솔로몬은 육체의 욕구를 충족시켜 행복을 더 얻으려 했지만 바울 사도는 영적인 욕구를 충족시키므로 만족하려 했습니다. 결국 솔로몬은 실패자의 탄식으로 모든 것이 헛되고 헛되다고 했습니다. 그러나 바울 사도께서는 내가 나의 믿음을 지키고 나의 달려갈 길을 마쳤으니 이제 후로는 의의 면류관이 예비되었노라고 승리의 개가를 불렀습니다. 두 분의 가치관의 차이를 말해 주고 있습니다. 출애굽을 통해 이스라엘을 이끌어 가시는 하나님의 모든 역사를 눈으로 본 것뿐만 아니고 여러 가지로 살아 계신 하나님을 체험하고도 아간의 가치관은 지극히 세상적이였기 때문에 가나안 땅을 눈앞에 두고 여리고성을 점령하면서 전쟁 중에 금, 은, 보물과 고급 외투를 훔쳐 자신의 장막에 감추었으므로 아이성 전쟁에서 실패하게 되었던 것입니다. 영원히 보장되는 세계를 바라보지 못했기에 그만 아간은 그로 인하여 40년 광야 생활을 접고 가나안을 바라보며 그 가족들 모두 그 삶을 마감하게 되었습니다. 참으로 슬픈 일이 아닐 수 없습니다. 하나님의 은혜로 이스라엘을 다스리는 왕이 된 사울 왕을 봅니다. 별로 훌륭한 가문에서 태어난 것도 아니지만 그는 전적 하나님의 은혜로 왕이 되었습니다. 그러나 그의 가치관은 하나님 말씀보다 세상 사람들의 평가에 더 많은 비중을 두었기에 세월이 가면 갈수록 더 곁길로 빗나간 것을 보게 됩니다. 가치관은 참 중요합니다. 내 삶의 표면적인 모든 영력들이 그 가치관으로부터 솟아나기 때문입니다.

그의 표면적 삶은 그의 내면적 가치관을 말해 줍니다. 하나님과의 바른 관계를 정립하는 일보다는 육적인 가치를 따라 평가받기 원했던 사울 왕이였기에 그는 스스로 영광받기를 원했습니다. 그러기에 그는 전쟁 후 승리의 기념으로 자기를 위해 기념비를 세웠고 자신이 갖고 있는 왕권으로 하나님의 종 사무엘의 자리를 월권했으며 끝까지 자신의 체면에만 몰입한 것을 볼 수가 있습니다. 사울 왕은 세속적인 가치관에 매여 있었기 때문입니다.

오늘날 교회에도 많은 문제들이 대두되는 것은 아직도 세속적 가치관에 매여 서로를 판단하고 공격하므로 무엇인가 쟁탈하려는 세력이 있기 때문입니다. 구중궁궐 왕의 자리를 버리고 미디안 광야를 택한 모세도 영적 가치관을 갖고 있었기에 그 길을 택한 것이고 그러므로 그는 60만 이스라엘 백성을 이끌고 다시 광야 생활 사십년의 길을 걸을 수가 있었습니다.

신약성경 최초의 순교자 스데반의 가치관이 영적이었기에 돌에 맞아 죽어 가면서도 원수를 향해 기도해 줄 수가 있었습니다. 이처럼 육적 가치관과 영적 가치관은 상반된 관계입니다. 내가 누군가를 미워하고 대적하고 있다면 육적 가치관에 묶여 있는 것입니다. 내가 나를 억울하게 하는 자를 향하여 긍휼히 여기는 마음이 일어난다면 영적 가치관에 있는 것입니다.

영적 가치관이 있는 사람은 공격하는 것보다 맞아 주는 삶을 삽니다. 영원한 세계를 믿고 있기에 현세의 것에 반응하지 않습니다. 세속적 가치관에 매인 사람은 건드리면 바로 반응합니다. 감정으로 누구에게든지 지고는 못삽니다. 언제나 누르고 지배해야 합니다. 그는 누군가를 누르고 미워하는 것을 당연한 일로 알고 있으며 다른 사람의 실수와 허물을 약점으로 잡고 흔들어 댑니다. 그리고 그 삶을 즐깁니다. 세속적 가치관의 극치를 달리는 것입니다. 오랜 세월 교회를 다녀도 인격 성장이 안되는 것은 영적인 가치관 정립이 안됐기 때문입니다.

올바른 가치관이 정립되면 인격 성숙은 자연스럽게 따라옵니다. 내가 나를 평가하는 인격 성숙이 아니고 남들이 나를 평가해 줍니다. 영적 성숙은 하늘나라에 소망을 가져야 이루어집니다. 내 사정을 하나님께서 다 알고 계시다는 믿음으로부터 소망을 갖게 됩니다.

가치관이 정립되지 않은 가운데 이루어지는 모든 삶은 곁길로 투자되거나 소모될 뿐입니다. 헛된 시간 낭비하지 않는 삶으로 가치관 정립을 바로 하므로 복된 삶을 살아 가시기를 바랍니다.

22

자유와 갈망

예수 그리스도를 믿음으로 받는 축복 중에 가장 큰 축복은 자유자가 되었다는 것입니다. 역설적인 말 같지만 예수님께 묶여지면 묶여질수록 완전한 자유자라는 것입니다. 그러나 그 자유를 방종하게 되면 또 다른 문제를 산출할 수 있는 가능성도 배제할 수 없습니다. 믿음 생활에는 기본이 있고 질서가 있음을 알아야 합니다. 믿음 생활이 무조건적이거나 맹목적이거나 맹신적일 수는 없습니다. 우리는 말씀의 진리를 믿음으로 구원을 얻게 되었습니다(살후 2:13).

가르침을 받은 유전을 지키라고 하셨으며 주님께 받은 유전대로 지키지 않는 자에게서는 떠나라고 강력히 말씀해 주셨습니다(살후 3:6-9).

말씀을 읽는 것과 권하는 것과 가르치는 것에 착념하며 모든 일에 전심전력하여 너의 진보를 모든 사람에게 나타나게 하라고 하셨습니다(딤전 4:13-14).

경기하는 자가 법대로 경기하지 않으면 면류관을 얻지 못하듯이 믿음으로 살아가는 기본과 질서에 순응하지 않으면 자유자가 될 수가 없습니다. 그래서 성경은 진리의 말씀을 옳게 분별하며 부끄러울 것이 없는 일꾼으로, 인정된 자로 자신을 하나님 앞에 드리기를 힘쓰라고 했습니다(딤후 2:15).

이러한 기본적인 배경을 갖추어 나갈 때 언제 어느 때나 자유롭게 활보할 수가 있게 됩니다. 기본이 없고 질서가 잡혀 있지 않으면 혼돈 상태는 물론이고 이리비틀 저리비틀 헤매게 됩니다. 그러다가 얼마 못가서 막다른 골목에 부딪치게 됩니다. 양식이 없어 주림이 아니요 물이 없어 갈함도 아니라 주님의 말씀을 듣지 못한 기갈이라고 했습니다. 마지막 때 즉 어려울 때 말씀을 구하려고 비틀거리며 찾아 다니지만 얻지 못한다고 아모스 선지자는 말했습니다(암 8:11-13).

평소에 말씀으로 전신 갑주를 입고 단단히 무장하라는 권면이기도 합니다. 호세아서에 보면 백성이 하나님을 아는 지식이 없어 망하게 된다고 했습니다(호 4:6). 하나님께서는 에스겔을 불러 말씀을 배에

넣고 창자에 채우라고 하셨습니다. 시편 기자는 말씀이 내 발에 등이요 내 길에 빛이라고 했습니다. 말씀을 모르는 자유는 위험한 자유입니다. 그러기에 하나님을 번제보다, 제사보다, 하나님을 아는 것을 더 원하라고 말씀해 주셨습니다(호 6:6). 하나님의 뜻을 알려는 갈망의 불이 내 마음속으로부터 타올라야 합니다.

왜냐하면 아는 만큼 자유를 누리기 때문입니다. 은혜는 거저 주시는 선물임에 틀림없습니다. 그러나 그 은혜를 받은 자는 책임감 있는 삶을 살려는 갈망의 불이 일어나야 합니다. 내가 걸치고 있던 더러운 옷을 과감히 벗어버리고 그리스도의 옷을 입어야만 합니다. 하나님을 아는 지식이 그리스도의 옷을 입는 것은 아닙니다. 말씀의 빛에 조명을 받으므로 자신의 더럽고 추한 모습을 발견해야 하고 그러므로 은혜 받을만한 자격이 없다는 것을 깨닫고 겸손히 머리 숙이는 자세로 학습해 나아갈 때 그리스도의 옷을 입게 되고 자유가 주어집니다.

혹 자신의 의지에 따라 지식이나 경험적인 것으로 자신을 다스리고 살면 내적 평안을 얻기가 어렵게 됩니다. 인간의 가치 판단은 불완전하기 때문입니다. 예수 그리스도께서 십자가의 길을 닦아 놓으신 것은 우리에게 자유를 주기 위함입니다. 십자가의 길을 따를 때만 완전한 자유가 보장됩니다. 십자가를 거부하는 고통이 십자가를 안고 사는 고통보다 훨씬 더 크다는 것을 알아야 합니다. 십자가의 고난의 길을 거부하는 것은 자유를 거부하는 행위가 되기 때문입니다.

만약 우리들의 삶 속에서 십자가의 시련을 경험할 수 있는 기회가 주어지면 아주 작은 일이라도 소홀하게 생각하지 말고 그 십자가를 져야 합니다. 십자가는 고통이고 아픔이지만 십자가는 억울하게 당하는 배신이고, 수치이고, 멸시이고, 조롱이었습니다(마 27:27-31). 억울한 누명을 뒤집어 씌우고 침 뱉고 조롱을 하더라고 무시와 멸시로 짓밟는다 해도 묵묵히 받아들이고 주님만 의뢰해 보십시오. 주님께서 이미 앞서 가신 길이요 사단의 음모를 진멸하셨고 강력히 파멸시켜 놓으신 길이기에 완전한 자유를 누릴 수 있는 보장된 길입니다. 하나님께서는 우리에게 하나님을 거부할 수 있는 자유까지 주셨으므로 남의 자유를 박탈하는 경우는 얼마든지 있습니다. 예수님께서 형제를 미워하는 것은 살인죄에 해당한다고 하셨습니다. 살인은 죽이는 것을 말합니다. 다시 말하면 그 사람의 인격을 꼼짝 못하도록 묶어 놓는 행위가 되므로 그것은 악마의 구속입니다. 그 사람의 영력을 펼쳐 나갈 수 없도록 숨을 죽이게 합니다. 무서운 어둠의 음모입니다. 엄청난 인내를 가지고 이겨 나가야 합니다. 이러한 세력이 멀리 있는 것이 아니고 가장 가까운 곳 내 가정, 내 교회, 내 직장에서 얼마든지 활동하고 있다는 것을 주시해야 합니다.

그러나 한편 어둠에 구속 받은 자는 빛을 갈망하게 됩니다. 빛 되신 그리스도의 이름을 부르면 어둠의 세력은 두려워 떨며 물러갑니다. 다만 인내가 필요할 뿐입니다. 우리의 절대자이신 예수님께서는 십자가 위에서 죄와 죽음을 이기심으로 우리를 자유케 하셨습니다. 만약 우리가 그 자유를 상실했다면 주님과 올바른 관계를 맺지 못했기 때문입니다. 그것을 인정하고 겸손히 주님 앞에 무릎 꿇고 주님의 거룩하신 성품을 끊임없이 갈망하며 나갈 때 곧 자유가 찾아옵니다. 그리고 다시는 사단이 우리를 점령할 수 있는 발판을 내어 주지 않아야 합니다. 그 삶이 말씀으로 전신갑주를 입는 삶이 됩니다. 말씀으로 무장되지 않으면 조금만 건드려도 넘어지고 쓰러진다는 것을 사단이 먼저 알고 있음을 알아야 합니다. 사단은 우리를 넘어뜨리게 하는 요물이기 때문입니다. 또 하나 예를 든다면 그리스도인들이 서로 용서하지 못하고 지낸다면 사단에게 이미 자리를 마련해 준 것입니다(고후 2:10-11). 서로 감싸주지 못하고 용서하지 못하면 우리를 괴롭히는 자들에게 기득권이 넘어간다는 것을 꼭 기억해야 합니다.

용서가 왜 그렇게 자유의 결정적 요소가 되는가 하는 것은 십자가로 해석이 되기 때문입니다(마 18:34-35). 주님의 십자가의 자비하심으로 용서받아 구원 받은 우리들이기에 다른 사람을 용서해야 한다는 것은 당연한 일입니다(엡 4:31-32). 더 나아가 용서는 선택이며 의지적 결단이기도 합니다. 만일 우리를 괴롭힌 사람을 용서하지 않는다면 그 사건 속에 매여 자유를 누리지 못하게 됩니다. 자신의 자유를 찾기 위해서라도 용서는 해야만 합니다. 용서는 그와 나의 문제만이 아니고 하나님과 나의 문제이기 때문입니다. 우리를 공격하고 멸시하는 행위가 과거뿐만 아니라 지금도 진행되고 있을 때 따지고 복수하고 싶은 충동이 일어나는 것은 당연합니다. 그러나 그때 말씀이 다가와서 우리의 악한 생각을 멈추게 합니다(롬 12:19). 나를 괴롭히는 자를 놓아주고 주님에게 맡기게 되면 나는 풀어 주었지만 주님은 그때부터 그 영혼을 조여 갑니다. 주님께서 맡아 주셨기 때문입니다. 어떤 방법으로든지 그들이 저지른 그 행위로 그 대가를 치루도록 공정하게 처리해 주실 것입니다. 이것이 맡기는 믿음이라고 합니다.

주님께서 간섭하시고 손 보실 때에는 꼼짝 못하도록 확실하게 처리해 주십니다. 그래서 믿고 맡기는 믿음은 참으로 중요합니다. 혹 우리가 남을 비판하거나 판단하는 것은 그 영혼을 묶는 행위이기 때문에 그의 자유를 뺏는 악법도 되지만 더 나아가 자신의 자유도 망각해 버리는 행위가 됩니다. 어떤 경우에라도 말씀을 통해 자신을 살펴야 하고 언제나 내가 말씀 안에 거하는 생활이 되어야 합니다. 그러므로 인격의 개혁이 일어나 주님 주시는 자유를 누리게 됩니다. 어둠의 세력이 잠시는 떠나 있지만 그들이 지배했던 영혼을 포기하지 않고 접근하려는 시도를 지속적으로 멈추지 않고 있다는 것을 알아야 합니다. 우리가 세상에 머무는 한 영적 전쟁은 계속됩니다.

그래서 승리를 유지하기 위해 말씀으로 점검받는 생활이 생활화되어야 합니다. 그러므로 다시는 우리 안에 악한 생각이 들어오지 못하도록 책임 있는 삶을 살아야 합니다(갈 5:1). 우리는 승리의 생활을 하는데 필요한 모든 자원을 다 가지고 살아 갑니다. 그것을 활용하는 것이 자유입니다. 그러나 사단의 유혹이나 속임수를 거부하지 않고 살면 그 통로를 통해 들어와 다시 조정을 받게 됩니다.

그러므로 말씀하셨습니다. "오직 주 예수 그리스도로 옷 입고 정욕을 위하여 육신의 일을 도모하지 말라"(롬 13:14). 사단의 공격에 무방비 상태로 살지 말라는 권면입니다. 한편 우리가 마귀를 대적하지 않아도 마귀가 스스로 우리에게서 떠나겠습니까? 그렇지 않습니다. 주님께서 마귀를 대적하라고 말씀하셨습니다. 그리고 내 몸에 죄로 왕 노릇하지 못하게 하라고 했습니다(롬 6:12). 다시 말합니다. 내가 자유롭게 살기를 원한다면 하나님의 전신 갑주를 입어야 합니다. 만약 무장되지 않은 채 전쟁터로 나간다면 그 어느 누구도 대신해 줄 수 없는 길을 무모하게 가는 것입니다. 이러한 사단의 음모에 넘어가지 말고 말씀을 갈망하고 심령 깊숙히 채워서 늘 승리하는 삶으로 완전한 자유를 누리는 우리 모두가 됩시다.

구원 받은 자는

"너를 지으며 너를 모태에서 조성하고 너를 도와줄 여호와가 말하노라. 나의 종, 나의 택한 여수룬아 두려워 말라"(사 44:2). 모태로 부터 선택받은 우리가 새 생명으로 거듭나게 된 것은 우리의 어떤 행위로가 아니고 오직 십자가의 은혜로 말미암은 것입니다. 그러므로 구원은 은혜로 받지만 범사의 축복은 행함으로 받게 됩니다. 성경은 구원받은 백성이 어떻게 살아야 하는지 구체적으로 제시하고 안내해 주십니다. 내 양은 내 음성을 듣는다고 말씀하셨듯이(요 10:27) 구원의 반열에 서 있는 자는 구원받은 새 생명으로부터 하나님의 음성에 민감하게 되므로 주님의 뜻을 따르게 되는 것입니다(요 14:21). 그것은 조금도 강요되거나 조건적인 것이 아닙니다. 자연스럽게 믿는자다운 삶이 드러내어짐으로 구원받은 증거가 됩니다. 그리스도인은 세상 사람보다 한 차원 높은 하늘의 법을 따르는 자입니다. 하늘의 법은 매이지 않고 풀어주고 자유케 합니다(요 8;32). 하늘의 법은 오직 사랑과 희락입니다. 그러므로 이제 그리스도 예수 안에 있는 자에게는 결코 정죄함이 없나니 이는 그리스도 예수 안에 있는 생명의 성령의 법이 죄와 사망의 법에서 우리를 해방하였기 때문입니다(롬 8:1-2). 구원받은 자는 종의 영을 받은 것이 아니고 양자의 영을 받았으므로 하나님을 아바 아버지라 부르게 됩니다(롬 8:15). 그토록 하나님이 우리를 위하시는 데 누가 우리를 대적할까요(롬 8:31-39).

이렇듯 구원받은 자는 하나님의 특별 관리가 있습니다. 여기서 구원받은 자들의 특징을 살펴 보기로 합니다.

1. 구원받은 자는 자기가 죄의 소굴에서 건짐을 받아 의의 종이 되었음을 잘 알고 있습니다(롬 6:18). 구원의 빛을 접하게 되면 가장 먼저 알게 되는 것이 자기 자신입니다. 세상에 드러난 자기 모습만 보는 것이 아니고 내면 깊숙이 숨어 있는 죄성까지도 발견하게 됩니다. 그래서 그는 부끄러워 고개를 숙이고 이웃을 선대히 대하며 섬겨 주는 삶을 살아가게 됩니다. 그런데 이웃은 고

개 숙인 그의 모습을 보면서 참으로 겸손하다고 칭찬을 하게 됩
니다. 그러기에 칭찬받는 그는 주님의 은혜일 뿐이라고 말을 합
니다.

2. 구원받은 자는 남을 판단하지 않습니다. 남을 판단할 수 있는 시
간이나 여력이 없게 됩니다(롬 14:1-4). 하나님과 자신의 관계에
대한 가치관이 형성되므로 다른 사람에 대한 관심이 밀려나게
됩니다(롬 14:10). 뿐만 아니라 내 안에 버려져야 할 것들을 계수
하기도 바빠집니다. 자아의 속성 또는 어설픈 지식, 이성적인 내
논리 이러한 것들을 부수고 버려야 하는 작업이 시작되는 동시
에 다른 사람에 대하여 관대해 집니다. 구원받으므로 진리의 영
을 소유하게 되면 자신의 내면으로부터 전쟁이 일어나게 됩니다
(눅 12:49-53). 이러한 일들을 정리하기조차 힘든 상황에 부딪
치게 되므로 감정 지수는 날로 높아지게 되어 그리스도인의 인
격을 갖추게 됩니다.

3. 그리스도의 피로 구원받은 자는 넘치는 감사로 살아갑니다. 명
령이나 타의에 의한 감사가 아니고 내면으로부터의 감사를 하게
됩니다. 죽으면 천국가니 감사하고, 살면 복음 전하니 감사하고,
고통스러우면 십자가 사랑을 경험하므로 감사하고, 눌림당하거
나 억울한 일 만나면 십자가 고난에 조금이라도 동참할 수가 있
게 되니 감사하게 됩니다. 엄청난 죄로부터 구원받았다는 자각
이 마음에서 사라지지 않는 한 감사는 중단될 수 없게 됩니다.

구원받은 감격은 참된 신앙으로 이어지게 되므로 모든 삶이 반듯하게 정리가 됩니다. 참된 신앙이란 나는 아무것도 아니라는 신앙고백 위에 자신을 완전히 굴복시키고 하나님의 역사를 기다리는 삶이 됩니다. 한편 감사를 알게 하시는 분이 성령님의 인도하심이지만 또한 우리자신의 노력의 결실이기도 합니다. 이미 모든 것을 우리에게 주셨는데 누리지 못하는 것은 우리의 책임도 따릅니다. 아무쪼록 할 수 있는 한 범사에 감사하는 생활은 구원받은 자만 이루어 낼 수 있는 특권입니다.

4. 구원받았다는 증거는 기도하는 사람으로 나타납니다. 주님께서 우리를 부르신 목적은 생명을 주시되 풍성하게 주시려고 늘 대화하기를 바라십니다. 기도는 곧 하나님과의 대화이니까요. 하나님과 대화를 통해 아주 깊은 상담이 이루어집니다. 갈 길을 밝히 보여 주시고 최상의 안전한 길로 인도해 주십니다. 현실적으로 닥쳐진 문제를 낱낱이 아뢰어 의뢰하는 기도를 하게 되면 그 문제의 해결을 받게 하십니다. 때로는 기다리고 참아내야 하는 인내의 극복을 위해 기도하게 하십니다. 신앙생활이란 기도로 시작하고 기도하며 살다가 기도로 마감하는 것입니다.

5. 구원받은 자는 말씀 읽는 것을 즐기며 살아갑니다. 하나님을 경외하는 것이 지식의 근본이라 하신 주님께서는 구원받은 자녀를 반드시 말씀으로 교육하십니다. 말씀 안에는 인생이 어디서 왔다가, 어떻게 살다가, 어디로 가는지 알게 해주십니다. 부자가

되는 비결도 왜 가난할 수밖에 없는지도 가르쳐 주시고 이웃으로부터 칭찬받고, 존경받고, 인정받는 비결도 말씀을 통해 다 가르쳐 주셨습니다(딤후 3:13-17). 그래서 베뢰아 사람들은 날마다 성경을 상고했다고 합니다(행 17:10-14). 시편 기자는 주의 말씀이 내 발에 등이요 내 길에 빛이라고 했습니다. 디모데서를 보면 부끄러울 것이 없는 일꾼으로 인정받는 사람이 되기 위해 진리의 말씀을 옳게 분별하라고 했습니다(딤후 2:15). 마귀의 궤계를 능히 대적할 수 있는 비결도 말씀으로 전신갑주를 입어야 한다고 했습니다(엡 6:11).

※ 〈참고〉 시 119:9-12, 18, 92, 97, 100, 103-105, 165

6. 구원받은 자는 화평하려는 노력이 따르게 됩니다(롬 14:17). 하나님의 자녀로서 엄청난 축복을 누리는 것은 물론이고 대단한 자부심과 자존감을 회복하였기 때문에 웬만한 일로는 그 자세가 흐트러지지 않게 되므로 화평케 하는 일을 도모하며 살게 됩니다. 구원의 반열에 서게 되면 성도들 즉 영혼을 대하는 시각과 태도가 달라집니다. 특히 그리스도의 몸을 이루는 한 지체라는 의식이 확실하기 때문에 서로 감싸 안으려는 애씀이 있습니다. 할 수 있는 대로 모든 사람들과 더불어 화평을 이루고(롬 12:18), 화평하는 일과 덕 세우는 일에 힘쓰게 되며(롬 14:19), 그리스도의 평강이 마음을 주장해 주므로(골 3:15), 화평케 하는 일과 거룩함을 좇게 됩니다(히 12:14). 그리고 구원받은 자는 먼저 화해

의 주도권을 쥐고 살게 됩니다.

7. 다시 말하면 화평하는 일이 우리에게 달려 있다는 것을 책임있게
인식하고 화평하기 위해 최선을 다하게 됩니다(고후 5:18-19).

8. 구원받은 자는 인내와 자족으로 살아 갑니다. 십자가보다 더 큰
고통은 없다는 것을 알기 때문에 어떤 일이든지 자족하며 인내
합니다. 더 좋은 것이나 더 나은 것을 기대하지도 않으며 현재 주
어진 삶을 만족해 합니다. 자기의 유익을 구하지 않는 것은 물론
이고 자기를 자랑하지도 않으며 모든 것을 참으며 모든 것을 믿
으며 모든 것을 바라며 모든 것을 견디어 냅니다(고전 13:7).

9. 구원받은 자는 거룩한 반열에 서서 구별되게 살아갑니다. 하나
님께서 특별 관리하시므로 구별된 인격으로 키워 주십니다. 내
힘이나 내 노력으로가 아니고 말씀으로, 영감으로 내 안에 있는
새 생명을 통해 자극하므로 구별되게 살아가도록 어떤 방법으로
든지 이끌어 주십니다.

10. 구원받은 자는 사랑할 줄을 압니다. 구원받은 감격이 너무나 커
서 웬만한 일들은 문제 삼지 않으며 오히려 사랑으로 감싸주고
덮어 줍니다. 주님의 십자가를 사랑하기에 형제를 사랑 합니
다. 용서하기 위해 값이 요구된다 해도 그 값을 치르며 사랑 합
니다. 그렇게 사랑의 가치를 키워 갑니다. 내가 어렸을 때에는
말하는 것이 어린아이와 같고, 깨닫는 것이 어린아이와 같고,
생각하는 것이 어린아이와 같다가 장성한 사람이 되어서는 어

린아이의 일을 버렸노라고 말씀하셨듯이 (고전 13:11) 장성한 분량의 인격으로 사랑하며 살아 가게 됩니다. "사랑하는 자들아 우리가 서로 사랑하자 사랑은 하나님께 속한 것이니 하나님께로 나서 하나님을 알고 사랑하지 아니 하는 자는 하나님을 알지 못하나니 이는 하나님은 사랑이시라"(요일 4:7-12).

11. 구원받은 자는 기쁨이 넘치는 삶을 살아 갑니다. 그에게는 영원한 세계가 보이기 때문입니다. 죽은 자 가운데서 다시 사신 그리스도를 믿고 있기에 자신도 다시 산다는 보장을 받은 기쁨이 있습니다. 부활의 소망을 붙들게 되었으므로 그 어떤 것으로도 바꿀 수 없는 기쁨으로 살게 됩니다(고전 15:1-). 이와 같이 구원은 값없이 받지만 구원받은 자로서의 책임도 따른다는 것을 우리는 알아야 합니다. 셀 수도 없는 죄악에서 건짐을 받았다는 그 감격은 이 세대를 본받지 않게 하시고 날마다 마음을 새롭게 하므로 변화를 받아 하나님의 선하시고 기뻐하시는 온전하신 뜻을 좇아 살아가게 합니다. 그렇게 살아가는 모습을 보면서 구원받은 증거를 보게 됩니다(롬 12:1-2). 열매를 보고 그를 알지니(마 7:16-27) 우리의 목적은 그리스도의 형상이 이루어지기까지입니다(갈 4:19).

24 자기 정체성

교회에는 두 종류의 사람들이 있습니다.

교회 다니는 사람과 예수 믿는 사람입니다.

자기 뜻대로 사는 사람은 교회 다니는 사람이고 주님 뜻대로 사는 사람은 예수 믿는 사람입니다.

또한 두 종류의 유형이 있습니다.

손님같은 신자와 주인으로서의 신자가 있습니다.

손님은 교회를 평가하고 판단하고 바라봅니다. 주인은 교회를 책임을 갖고 관리해 갑니다. 손님은 일을 하지 않습니다. 그래서 실수가 없습니다. 주인은 맡은 일이 많습니다. 그래서 실수도 따릅니다.

　신앙 생활은 참 중요하지만 어떻게 생활하느냐는 더 중요합니다. 혹 남은 나를 아는데 정작 나는 나를 모른다면 대단한 문제를 불러 일으키는 원인이 됩니다. 자기를 안다는 것은 높은 인격이면서 겸손할 수 있는 길이 됩니다. 자신을 조절할 수 있는 지혜가 되기도 합니다. 자기를 알면 서두르지도 않지만 튀지도 않습니다. 다른 사람을 함부로 판단하는 위선의 자리에 서지도 않습니다. 만약 다른 사람의 판단이 자신 안에서 이루어지고 있다면 아직은 자신을 모르기 때문입니다. 자기를 알게 되면 숨겨진 오물들이 드러나게 되므로 다른 사람에 대한 판단이나 평가보다는 자신에 대한 판단이 더 부각되므로 겸손한 자리로 내려가게 됩니다. 음흉하고 음탕한 것, 내숭스럽고 탐욕스러운 것, 이기적이고 고집스러운 것, 비겁하고 비굴한 내면을 보게 됩니다. "전에 하나님의 법을 모를 때에는 내가 살았더니 계명이 이르매 죄는 살아나고 나는 죽는다"고 했습니다(롬 7:9). 인간의 마음에서 나오는 것은 인간을 더럽게 하는 것뿐이라고 했습니다. 악한 생각과 살인과 간음과 음란과 도적질과 거짓 증거와 훼방입니다(마 15:17-20). 주님을 모르는 사람은 누구나 이와 같은 요소들을 감추고 살 뿐이라고 했습니다. 말씀을 안다는 것은 감추어진 어둠의 것들을 드러낼 뿐만 아니라 그 더러운 것들을 자랑하는데까지 이르게 된다는 것입니다(고후 12:5).

그러기에 말씀을 모르면 자기를 모르는 것은 당연한 일입니다. 결손가정이나 편협된 환경을 통해 받은 상처로 빚어진 열등감은 또 다른 부정적인 성격으로 뿌리를 내려 주변을 어지럽게 만들어 갑니다. 그렇게 빚어진 사람일수록 자신을 안다는 것이 그만큼 힘이 듭니다. 그것을 가리켜 고집이라고 합니다. 고집이 있다는 말은 내면에 숨겨진 부정적 요소가 있다는 말과 같습니다. 성령님의 터치를 받아야만 드러 낼 수 있는 용기가 생깁니다. 그때 깨닫는 것이 죄인 중에 괴수라는 것을 알게 됩니다. 바울 사도께서 그러했듯이 자신의 내면을 본 것입니다. 말씀을 모르면 자신을 모릅니다. 자신을 알기 위해 말씀을 읽고 배워야 합니다. 사과 나무 밑에 앉아 있다고 사과를 먹을 수 없습니다. 내가 사과를 따서 먹어야 합니다. 말씀을 깊이 알게 되면 경계해야 할 적이 바로 자신이라는 것을 깨닫게 됩니다. 그래서 진정한 승리자는 자기를 이겨 내는 것입니다.

자기를 알면 무모하게 처신하지 않게 됩니다. 자기를 알면 싸워야 할 대상과 피해야 할 대상을 분별합니다. 자기를 알면 두려운 마음은 버리는 용기가 있게 되고 담대한 마음은 더욱 가꾸어 가게 됩니다. 교만할 수 있는 것은 냉정히 자를 줄도 알고 겸손한 마음으로 인격을 자리 잡아 갑니다. 명예나 소유나 탐욕으로부터 벗어나 사명에 불타는 마음으로 주님의 뜻을 이루어 드립니다.

하나님을 아는 만큼 나를 알게 되고 나를 아는 만큼 하나님을 알게 됩니다. 호세아 선지자는 힘써 하나님을 알라고 했습니다. 자기를 아는 사람은 견고한 인격으로 억압을 받아도 흐트러지지 않습니다. 손바닥으로 해를 가리울 수 없듯이 자신을 아는 사람은 누구도 함부로 대하지 못합니다. 자신을 모르는 사람은 인격의 균형이 없기 때문에 어지간한 일에도 흔들립니다. 늘 불안하고 초조하므로 일치된 인격으로 일관화하지 못합니다.

자기를 아는 인격은 마치 버팀목과 같아서 남을 긍휼히 여기고 감싸주게 됩니다. 곪은 상처는 치료해 주고 부끄러운 것은 덮어주게 되므로 신뢰받고 존경을 받게 됩니다. 다른 사람의 허물보다 자기의 허물이 더 크기 때문에 덮어 주는 것 보다는 덮어 주게 된다는 의미가 됩니다. 결론적으로 진리를 안다는 것은 그리스도의 마음을 품는다는 것입니다. 우리 모두 그리스도의 마음을 품으면 성령이 하나 되게 하신 것을 지켜 드리게 된다는 의미도 됩니다. 같은 목적, 같은 정신으로 하나가 되어 물리적 화합적 일치로 주님의 나라를 세워 드리는 일이 됩니다.

여러 가지 보잘 것 없는 금속덩어리가 모아져 아름다운 멜로디를 연주하는 피아노가 되듯이 갖가지 훈련을 통해 빚어진 인격들이 모여 한 목소리로 예수님을 높여드리고 찬양을 드릴 때 주님의 나라가 땅 끝까지 전파되는 것입니다.

현대인의 문화병은 자기를 알지 못하는 메마름입니다. 쌓여진 스트레스를 풀지 못하므로 모든 병의 원인을 불러 일으키게 됩니다. 하나님께서는 일찍이 우리의 현실을 아시고 주일을 법으로 제정해 주셨습니다. 우리들은 주일을 우리가 지킨다고 하지만 알고 보면 우리를 사랑하시는 하나님께서 우리에게 쉼을 주시기 위해 주일을 주셨습니다. 그것은 주일이 그리스도인을 지켜 준다는 원리가 됩니다. 매 주일을 통해 누적된 스트레스를 털어버리고 새로운 힘을 공급받게 되므로 승리의 삶을 살게 되는 것입니다. 말씀으로 씻어내고 말씀으로 새로운 소망을 붙들게 되므로 어떤 어려움도 극복할 수가 있습니다.

인간은 어리석어서 복을 주면 사치하고, 건강하면 방탕하고, 많이 알면 교만하게 살아갑니다. 그로 인하여 문제되는 것이 마음의 고통입니다. 은혜를 모르기 때문입니다. 모든 악과 고통을 중지하게 하는 것은 주를 믿는 믿음입니다. 어느 목사님 말씀에 의하면 백 년 악을 행하는 것보다는 하루의 선한 삶이 의미 있게 사는 인생이라고 했습니다. 인생이 불행한 것은 몰라서 불행한 것이 아니고 못 믿어서 불행한 것이라고 어느 성인이 말했습니다.

빌라도는 물었습니다. "진리가 무엇입니까?"(요 18:38) 이 물음에 답변할 수 있는 자료가 준비 되어야 합니다. 주님은 우리가 어떻게 살아야 할까를 몸소 보여 주셨고 증거해 주셨습니다.

내가 나를 모르고 말씀을 알면 남을 판단하는 악의 도구가 됩니다. 주님이 가르쳐 주시고 보여주신 삶을 통해 자기 정체성을 찾아 믿음의 선한 싸움을 싸워가는 것이 그리스도인의 생활입니다. 현대인의 병은 자기를 모르는 데서부터 시작이 됩니다. 충고는 잘해도 자기는 모릅니다. 전세계를 알고 있어도 자기는 모릅니다.

주님의 뜻에 골격을 세우지 않고 자기식 형상을 그리는 사람, 자기 멋대로 하나님을 말하는 사람, 그런 사람은 동물적 근성에 사로 잡혀 있기 때문입니다. 본능적 행동은 동물에 속한 것입니다. 사람이 짐승보다 뛰어남이 없으면 모든 것이 헛되다고 했습니다(전 3:18). 그러기에 본능을 뛰어넘어서 자신의 정체성을 알고 좀더 가치있는 인격의 경영으로 세상을 아름답게 가꾸어 가야 합니다.

내가 깨달았다고 다 아는 것은 아닙니다. 내가 참는 것은 순교이고 남이 참는 것은 바보라고 한다면…. 내가 깨달은 것은 진리이고 남이 깨달은 것은 지식이라고 한다면…. 내가 말하는 것은 사랑이고 남이 말하면 잔소리라고 한다면….

하나님께서는 다양한 면으로 인간을 갈고 닦아 가십니다. 그리고 그 속에는 신앙을 대대로 계승해야 하는 교육과 뿌리의 전통이 있습니다. 그 전통이 희석되거나 골격이 흐트러지게 되는 것을 주님은 원하지 않습니다. 아브라함의 믿음과 신앙은 이삭으로 이어졌고 다음은 야곱으로, 요셉으로, 유다로 교육이 되고 계승이 되므로 오늘날 우리에게까지 은혜로운 믿음의 뿌리를 내리게 된 것입니다.

신앙 생활이 구체적으로 교육이 되지 않으면 골격이 무너지게 되어 믿음의 가치관이 흔들립니다. 부모는 자녀를 신앙으로 교육해야 합니다. 주님께서 세상에 오신 목적을 구체적으로 가르쳐야 하고 십자가가 자신과 어떤 관계가 되는지 교육해야 합니다. 교육은 또 다른 사람을 가르칠 수가 있습니다. 서도 소리 인간 문화재로 지내시다 세상을 떠나신 분들을 잘 압니다. 제자 양성에 소홀하셨기에 바람직한 소리를 내지 못하므로 서도 소리다운 소리를 듣지 못하게 됐다고 아쉬움을 담은 글을 읽은 적이 있습니다.

성령의 역사만 부르짖고 믿음의 체험만 강조하게 되면 잘못된 길로 갈수 있는 확률이 높아집니다. 성령의 역사와 믿음의 체험이 어떤 경로를 통해 어떻게 이루어지는가를 바르게 가르치고 배워야 그리스도인의 인격이 솟아 나옵니다. 총신 대학에서 상담학을 배울 때 이론은 참 답답하다는 느낌을 받았습니다. 이미 수년간 믿음의 체험을 했었기에 복잡한 이론이나 학문이 오히려 신앙의 체험이 늦어지도록 방해하고 있다는 생각을 했었습니다.

그 후 기도 중에 주님께서 깨닫는 은혜를 주셨습니다. 체계적이고 학문적인 교육은 신앙의 뿌리를 내리는데 무제한적으로 골격과 전통을 이어갈 수가 있지만 지금 네가 체험한 뜨거운 성령의 역사로 인한 믿음의 체험은 학문이 받쳐 주지 않는 한 체험한 그 자체로 끝나게 된다는 것입니다. 그때 비로소 학문의 가치에 눈을 뜨고 열심히 배웠던 그때를 기억해 봅니다. 그토록 학문과 이론의 필요성을 절실하게 각인한 후부터 만나는 사람들에게 더 철저한 교육을 통해 주님을 전하게 되었습니다.

교회는 여러 계층의 사람들이 모인 곳입니다. 잘난 사람도 있지만 못난 사람도 있고, 높은 사람도 있지만 낮은 사람도 있습니다. 모가 나고, 굽어지고, 찢어지고, 상처난 사람들이 모인 곳이 교회입니다. 모난 곳은 다듬어주고, 굽어진 것은 반듯하게 펴주고, 찢어진 것은 보기 좋게 꿰매어 주고, 상처 난 것은 호호 불어 치료해 줍니다. 그 일을 어떻게 하는 것이 덕스럽고 효과적인가를 가르치고 배우기도 합니다. 이러한 방법이 일괄적으로 교육될 때 우리는 서로서로 하나되어 주님의 나라를 세워 드리는 것입니다. 모든 일을 주님 중심으로 하나되기 위해 철저히 자기 점검을 해야 합니다. 내 생각을 고집하면 교만이 되어 많은 사람에게 상처를 줍니다.

그리스도인의 무기는 사랑이어야 합니다. 사랑은 자기를 조절하는 능력을 소유하게 합니다. 낮아지기도 하지만 때로는 명령하기도 합니다. 자기 권리를 포기하고 종의 형체로 내려 가기도 하지만 믿음의 선한 싸움을 싸우기도 합니다. 자기 주장도 아니지만 자기 비하도 하지 않습니다. 자기를 버리는 것 같지만 남을 위해 섬기는 삶을 살기도 합니다. 영적인 연합이 결여되면 어지럽고 복잡하게 되어 파선에 이르게 됩니다. 영적 연합으로 인한 협력은 주님으로부터 비롯된 것이므로 확실한 하나가 됩니다.

열 두개의 보석들이 하나를 이루되 개성을 잃지 않게 하셨듯이 (출 28:4-, 29: -7) 우리가 개성은 다르지만 하나로 연합되기를 원하십니다.

교회가 영적인 연합으로 향기를 뿜어 낼 때 하나님의 영광에 대한 충성심이 일어나게 됩니다. 연합을 이루는 길은 말씀으로 중심이 이루어야 하는 것처럼 말씀의 중심을 잡으려면 교육을 해야만 합니다. 우리는 누구나 나만 옳은 것이 아니라는 것을 알고 피차 다른 사람의 말에도 귀기울여 하나됨을 이루어 주님의 영광을 온 세상에 알려야 합니다.

Ⅵ. 하나님의 세우심(Mentoring)

1996년 "그리스도인의 생활" 성경공부 10주년 기념 및 전도사 파송예배

나를 본 받는 자 되라

나를 따르라는 본 회퍼의 책을 읽으면서 감동을 받은 것은 "믿음의 선한 싸움을 싸워야 할 이유는 주님의 은혜를 귀하게 받아야 하기 때문" 이라고 했습니다. 주님께서 우리의 죗값을 지불해 주셨기에 아무렇게 살아도 믿기만 하면 된다는 논리는 잘못된 것임을 밝혀 두자는 것입니다. 수많은 진리의 말씀들이 책방을 통해 쏟아져 나오고 예수님을 바르게 알리기 위한 방법들이 기독교 서점을 꽉 메우고 있지만, 요즘 그리스도인들의 다수가 값없는 은혜에 매여 더 이상 성장하지 못하는 모습들을 바라보게 됩니다.

값없는 은혜란 무엇을 말하는지 몇 가지로 살펴 보겠습니다.

회개하지 않아도 죄가 사유 된다는 것입니다(눅 13:1-5). 성경은 회개하지 않으면 망한다고 했습니다. 은밀한 참회는 물론 자기성찰이 없이도 성 만찬에 참예할 수 있다고 합니다. 그것은 위험한 발상입니다. 이 세상 문화는 바뀌어도, 이 세상 지식은 변하여도 주님의 말씀만은 절대 변치 않습니다. 십자가의 희생이 무색할 만큼 말씀을 삶에 적용하지 않는 안타까운 모습을 보게 됩니다. 순종이 없는 은혜 추구가 만연되어 있고 십자가 고난을 따르지 않아도 구원의 은혜가 쏟아진다는 자신의 이상주의에 빠져 진리를 혼란케 합니다. 이것이 바로 인본주의적 신앙이라고 하는 것입니다. 이러한 삶은 예수님의 십자가를 무시하는 행위가 되는 것이고 그러한 행위를 가르쳐 본 회퍼가 말하는 값없는 은혜라고 합니다.

십자가를 따르는 삶이란?

오직 모든 일에 하나님의 일군으로 자천하여 많이 견디는 것과 환란과 궁핍과 곤난과 매맞음과 갇힘과 요란한 것과 수고로움과 자지못함과 먹지못함과 등등(고후 6:4-5). 자신을 위해 사는 것이 아니고 그리스도를 위해 사는 것입니다. 복음 전파를 위해 수난을 당하므로 말미암아 다른 사람을 그리스도의 생명의 길로 인도할 수 있게 됩니다. 그러므로 바울 사도께서 당하신 고난은 참 사도임을 입증해 주는 삶이 됩니다. 바울 사도의 유일한 자랑은 복음 전파를 위해 예수님께서 가셨던 십자가 고난의 길을 따라 간다는 것입니다. 그는 사십에 하나 감하는 매를 다섯 번 맞았으며 세 번 태장으로 맞고 한번 돌로 맞고 세 번 파선하는데 일 주야를 깊음에서 지냈다고 했습니다. 그뿐만 아니라 전도 여행을 하면서 만난 여러 가지 위험은 말할 수도 없거니와 그 중에도 거짓 형제로 인해 즉, 거짓 사도로부터 당하는 위험도 있었습니다. 바울 사도의 개종 후의 삶을 보면 하루라도 고난을 당하지 않은 날이 없었습니다. 그러나 그는 믿지 않는 자들로 인한 핍박보다도 더 힘들었던 것은 교회로부터 받는 중상모략이었다고 했습니다(갈라디아서 참고).

그토록 고난의 길을 가면서도 오히려 그 길을 가게 된 것을 명예롭게 생각하는 바울이었습니다. 그에게 자랑은 용납되는 성질이 아니었습니다. 오히려 자랑할 기회가 주어진다면 자신의 약한 것을 자랑한다고 했습니다. 진리를 위해 당하는 고난은 가장 명예로운 일입니다. 그 명예로운 길을 가려면 그리스도를 본받고 따라야 합니다.

"사람이 나를 섬기려면 나를 따르라. 한 알의 밀이 땅에 떨어져 죽지 않으면 한 알 그대로 있고 죽으면 많은 열매를 맺는다"고 주님은 말씀 하셨습니다(요 12:26).

골로새서에는 다섯 가지 죽이고 다섯 가지 버려야 하는 행위가 요구되고 있습니다(골 3:5-10). 이러한 삶을 추구하지 않고 은혜만 구한다면 깊은 영성에 들어가지 못합니다. 세상말로 표현한다면 날마다 구걸하는 인생을 살 수는 있지만 베풀고, 나누고, 꾸어주는 인생을 살 수가 없다는 것입니다. 깊은 영성에 들어가게 되면 율법에 매이는 것은 아니지만 율법을 이루는 삶을 살아가게 됩니다. 예를 든다면 못하는 것이 아니고 아니하는 삶을 살게 됩니다. 십자가를 따르는 삶을 살 때 즉 주님과 한 마음으로 되어질 때 위대하시고 전지전능하신 주님의 그 자존감을 높이 세워드리게 된다는 원리입니다. 그것은 주님과 함께하는 생활 속에서 이미 사랑과 위로와 격려로 내 자존감을 충분히 세워 주셨기 때문입니다.

약한 나로 강하게 하셨고, 무식한 나를 지혜롭게 하셨고, 무명한 자 같으나 유명한 자로 세워 주셨고(고후 6:9-10), 가난한 자 같으나 많은 사람을 부요케 하는 자로 세워 주시고 아무것도 없는 자 같으나 모든 것을 가진 자로 살게 하셨기에 세속적인 행동을 못하는 것이 아니고 안하는 삶을 살게 된다는 원리입니다. 그러기에 "따라 오라"는 주님의 부르심은 그 자체가 은혜인 것을 우리는 알아야 합니다. 주님의 사랑 가운데 많은 은혜를 누리게 되면 주님의 말씀대로 순종하려는 열정이 일어나게 됩니다. 그것이 예수님을 따르는 삶에 기초가 됩니다. 다음은 순종하려는 열정을 갖게 되면 말씀에 대한 필요를 느끼게 합니다. 진리의 말씀을 옳게 분별하며(딤후 2:15) 모든 성경은 하나님

의 감동으로 되었기에 교훈과 책망과 바르게 함과 의로 교육하기에
유익하니 이는 하나님의 사람으로 온전케 하며 모든 선한 일을 행하
기에 온전케 하려 함이라고 했습니다(딤후 3:16-17).

　성경을 통해 예수의 정신, 예수의 인격, 예수의 마음 등을 배우게 됩
니다. 구약과 신약은 온통 예수님을 알리기 위한 목적입니다. 성경은
예수님을 따르는 삶의 길잡이입니다(갈 3:24). 바울 사도께서 주님을
따르셨듯이 우리도 주님을 따라 바울과 같은 삶을 본받아야 합니다.
우리를 구원하기 위해 십자가에 피흘려 죽기까지 걸어가신 그길, 우리
의 허물과 죄악을 덮어주기 위해 멸시와 천대와 수치와 모욕을 감당하
신 예수님, 주님께서 받으신 징계로 인해 우리는 평화를 누리게 되었
고 주님께서 채찍으로 맞으셨기에 우리는 나음을 입었습니다.

　우리가 일상생활 속에서 참아야 하고 견디어야 할 일이라면 그것은
주님을 따르는 길입니다. 물론 인간의 힘으로 되는 것은 아니고 이미
앞서 가신 십자가를 바라보고 그 길을 따를 때 바울을 본받는 삶이 됩
니다. 자기에게 주어진 십자가에 흘리신 고난의 피가 우리의 죄를 정
결케 하셨듯이 십자가를 따르는 고난과 역경은 우리의 영혼을 정결케
합니다. 우리는 그리스도와 함께 십자가에 못 박힌 자들입니다(갈
2:20). 십자가와 관계를 맺은 자는 고난의 길을 갈 수밖에 없다는 것
을 의미합니다. 다메섹 도상에서 예수님을 만난 바울은 그 후 복음 증

거하는 일에 여러 가지 흔적을 가졌으니 누구든지 자신을 괴롭게 하지 말라고 당부했습니다(갈 6:17). 그리고 그는 "그리스도의 십자가 외에 결코 자랑 할 것이 없으니" 그리스도로 말미암아 십자가에 이미 못 박혔기 때문이라고 했습니다(갈 6:14). 자기 십자가를 지고 주를 따르는 것은 당연하다고 말합니다(마 16:24). 그리스도인은 자기 희생이나 자아 거부의 삶으로 주님의 뜻을 충성스럽게 따라야 합니다. 때로는 그리스도를 위해 수치와 치욕을 감당해야 하고(히 12:20), 성령이 하나되게 하신 뜻을 위하여 힘써 지키고(엡 4:3), 하나님의 사랑을 입은 자녀같이 하나님을 본받는 자가 되어야 한다고 했습니다(엡 5:1). 지금까지 사역의 길을 걸어오면서 수천 수만가지 체험을 통해 주님과 함께 생생하게 나누었던 일들을 다음으로 미룰 수 없는 것은 내 생명이 내 것이 아니기 때문입니다. 마음에 품기만 해도 해결해 주시고 날마다 시간마다 주님이 나와 함께 함을 실감하게 하시는 주님께서 이 글을 마무리 하며 에베소서를 주십니다. 꼭 읽어 주시기 바랍니다.

십자가의 길은 호화로운 길이 아닙니다. 교리나 종파를 따지고 체제나 신조를 찾는다면 명예로운 주도권을 잡을 수는 있겠지만 오히려 그들의 영혼은 더욱더 어두워지게 됩니다. 어둠의 세력은 분리하고 훼방하는데 혈안이 되어 있습니다. 주님을 사랑하고 주님을 따르는 목적 외에는 어떤 상상도 동원할 필요가 없습니다. 주님을 따르라는 구호를 외치면서 두 눈에는 눈물이 흐릅니다. 이 글을 읽는 여러분을 향한 내 사랑은 주님께서 증인이 되어 주실 것입니다. 십자가의 길은 결코 쉬운 길이 아닙니다. 그러나 그 길은 영생의 길입니다. 구원의 길입니다. 나만 사는 것이 아닙니다. 내가 살았기 때문에 나를 만나는 모든 사람들을 영생의 길로 안내하게 되는 길입니다.

26
LA에 정착하기까지

1990년 이후부터 독일, 캐나다, 미국으로 복음 들고 선교 여행을 하도록 주님께서 인도하셨습니다. 선교지에서 겪어 내야 했던 일들을 생각하면서 보고하는 마음으로 기록해 봅니다.

선교지를 떠나기 전 기도 중에 하나님께서 몇 가지 지켜야 할 사항을 가르쳐 주셨습니다. 아무리 배가 고파도 허겁지겁 탐식하지 말고, 성도들과 어울려 어떤 경우라도 쇼핑 몰에 가지 말고, 누가 뭐라고 해도 선교지에서 관광 스케줄 잡는 일 없도록 명심하라고 하셨습니다. 당연히 선교 여행의 원칙을 세우고 지금까지 지킬 수 있도록 인도하시는 주님의 은혜에 감사할 뿐입니다. 내 나름대로 한국에서의 활동 범위도 좁지만은 않은데 그럼에도 불구하고 더 넓은 세계로 나가도록 등을 떠미는 듯한 느낌을 받고 의아해 하기도 하였습니다. 영어 한마디도 못하는 나를 주님 아시지 않느냐고 투정도 부려 보았지만 영어를 못하기 때문에 해외로 나가라는 것이었습니다. 그렇게 몇 년을 다니던 중 이번에는 미국 땅으로 가라는 명령을 받고 놀랐습니다. 주님의 뜻은 우리가 상상할 수 없는 것임을 또 실감하면서 무작정 순종하기로 했습니다. 1999년도 봄 분명한 목적지도, 잡혀진 스케줄도 없이 주님만 믿고 상담 사례집 책만 들고 도착한 곳은 아틀란타 공항이었습니다. 지금 생각하면 참 무모한 행동이었습니다. 그러나 주님의 뜻이었기에 가능한 일이었음을 실감합니다.

아브라함이 본토 친척 아비집을 떠나지만 갈 바를 알지 못한 것처럼 그렇게 미국을 첫번 방문하게 되었습니다. 나를 맞이하러 나온 사돈 총각에 의해 말도 통하지 않는 낯선 땅 미국 아틀란타에 여장을 풀고 깊은 잠을 취할 수가 있었습니다. 나의 시간표를 잡아가시는 주님을 믿고 있기에 평안한 마음으로 기도하며 기다리던 중 드디어 허락된 교회에 가서 간증할 수 있는 기회가 주어 졌습니다. 이 모양 저 모양으로 성도들이 은혜받는 모습을 바라보면서 우리 마음을 감동케 하시는 성령님께서 역사하고 계시다는 것을 느낌으로 알고 감사의 기도를 드렸습니다. 간증 후 개인적인 상담 요청을 받고 바쁜 일정이 잡혀

지자 놀라운 일이 생겼습니다. 목사님으로부터 빨리 이 지역을 떠나 달라는 부탁을 받게 되었기 때문입니다. 분명히 주님께서 간섭하시는 일인데 무엇이 문제란 말인가? 궁금했지만 그 궁금증을 더 이상 인간에게 묻지 않기로 마음먹고 주님께 기도했습니다. 주님께서는 그 목사님 교회 성도들의 상담 요청은 받지 않겠다는 약속을 하라고 그 해답을 주셨습니다. 물론 목사님을 찾아가 그렇게 약속을 했지만 마음이 편하지만은 않았습니다. 철없는 나는 또 주님께 투정을 부리며 엉엉 울었습니다. 분명히 주님의 음성을 듣고 떠밀리듯 미국으로 왔지만 전혀 앞이 보이지 않았던 것입니다. 뚜렷한 주님의 계획을 모르고 있기에 자꾸자꾸 갈등이 일어나 두려워지는 것을 내자신에게 느낄 수가 있었습니다.

지금 생각해 보면 어찌하든 미국에 뿌리를 내리게 하려는 주님의 의도하심이었는데 그 일을 방해하는 세력 또한 만만치 않았다는 것을 말씀드리는 것입니다. 어느 날 우연한 기회에 어느 목사님을 만나 책 한 권을 드릴 수 있도록 주님께서 주선해 주셨습니다. 그때 나는 현금이 없는 관계로 책 10권만 팔아 달라고 부탁을 드리게 되었으나 안타깝게도 거절당하고 뒤돌아서서 또 울었습니다. 워낙 울보였지만 눈이 통통 붓도록 울 수 밖에 없었던 것은 이국만리 미국 땅 일가친척도 없는 이땅에 오직 주님만 믿고 왔는데 이토록 처절하게 외면당하는 것을 보시면서도 아무 말 없으신 주님의 뜻을 몰랐기 때문이었습니다.

결국 주님은 그 눈물을 닦아주셨습니다. 그리고 위로해 주시며 주님의 숨은 뜻을 알게 해 주셨습니다. 힘없고, 돈 없고, 배우지 못한 나를 들어서 힘 있고, 돈 있고, 많이 배운 사람들을 찔러 보시는 일을 하셨습니다. 때로는 웃기도 하고 때로는 울기도 하면서 주님과 함께 길을 걷게 됨을 영광스럽게 생각합니다. 주님께서는 왜 나를 이토록 처절하게 거절당하며 부당한 대접받는 곳으로 인도해 주시느냐고 반항도 했지만 그때마다 주님께서 말씀해 주셨습니다. 주님이 거절 당하는 일에 나를 동참시켜 주신다고 하셨습니다. 주님께서 이루시는 이런 일 저런 일 겪으면서 때로는 두렵다는 생각마저 들 때도 있었습니다. 그러므로 김포 공항을 출발 할 때의 그 당당함은 다 무너져버릴 수밖에 없었습니다. 앞으로 가자니 막연한 일 뿐이고 뒤로 돌아가자니 더 비참한 나의 모습이었습니다. 알고 보면 그것이 선교 여행인 것 같습니다. 어쩔 수 없이 죽으면 죽으리라는 믿음으로 주님을 의뢰하며 나아갈 때 불쌍히 여기사 힘주시고 능력 주심으로 많은 일들을 체험하게 하셨습니다.

영어 한마디도 못하는 키가 작은 동양여자가 무거운 책을 양손에 들고 한국 마켓 언저리에서 서성대고 있을 때 우연히 천사의 성품을 가진 목사님을 만남으로 큰 위로를 받게 되었고 그 주간 금요 기도회에 간증 강사로 초청을 받게 되었습니다. 그 목사님의 따뜻한 배려로 책도 많이 팔아서 현금도 손에 쥐게 되었고 다음 지역으로 떠날 수 있는 여유를 갖게 되었습니다. 내 안에 계신 주님께서 기뻐하셨습니다.

그리고 나에게 말씀하셨습니다. "할만 하지 않니……" 기쁨과 눈물로 범벅을 하면서 어느덧 아틀란타 일정을 그것으로 마무리하게 하시고 다시 비행기를 타고 뉴저지에 도착하니 심상치 않은 공기가 압도하고 있다는 것을 쉽게 느낄 수가 있었습니다. 알고 보면 선교는 영적 전쟁 터입니다. 한국에서의 활동은 선교를 위한 준비단계였고 외국에서의 활동은 실질적인 치열한 전쟁터였습니다. 전쟁은 먹느냐 먹히느냐입니다. 선교지는 피할 수 없는 현실입니다. 내 자신 이 사실을 미리 알고 있었으면 과연 이곳에 올 수 있었을까 생각하며 주님의 의도하심을 곧 깨닫고 엎드려 또 울기만 했습니다. 그리고 곧 일어나 주님 나를 죽이든지 살리든지 뜻대로 하옵소서…… 목숨을 주님께 맡겨 드립니다. 그 동안 훈련 받은 것을 통해 주님 시키시는 대로 순종하겠습니다. 간증이면 간증, 상담이면 상담, 순간 순간 주님만 의지하고 주님만 불렀습니다. 선교의 아픔은 아프리카나 오지에만 있는 것이 아니고 어느 곳에나 있다는 것을 뼈저리게 실감하게 되었습니다.

어둠이 있는 곳에 빛이 들어가면 갈등과 극복이 따라옵니다. 그것은 전쟁터입니다. 빛은 어둠을 드러나게 합니다. 누가 파헤친다고 드러나는 것은 아닙니다. 빛은 가만히 있어도 어둠은 스스로 드러납니다. 어둠에 갇혔던 영혼들은 무서운 혼선과 갈등을 헤집고 그곳으로부터의 탈출을 시도합니다. 어둠을 묶어 놓고 있던 세력들은 자유를 찾아가는 영혼들을 가로막고 다시 묶으려 합니다. 이렇듯 영적인 일에 악의 세력이 맹렬한 세력으로 다가올 때 두렵고 떨리는 것은 물론이고 무서운 공기가 내 온 전신을 휘감는 느낌을 받기도 했습니다. 지난날 수도 없이 영적 전쟁으로 피투성이 되기도 했습니다. 심한 핍박과 눌림의 공격을 받아 쓰러졌던 때도 있었습니다. 그때마다 주님의 위로와 격려로 다시 일어설 수 있었기에 충분히 감당하리라는 판단이었지만 그러나 그것은 나의 자만이었습니다. 나는 오도가도 못하고, 할 수 없이 그 자리에 주저 앉아 또 울기만 했습니다. 주님 어떻게 할까요? 오직 주님만 의지합니다, 주님밖에 없습니다. 순교 정신을 발휘할 수밖에 없는 상황으로 몰아 넣는 것을 짐작할 수가 있었습니다. 나의 보호자 되시는 주님이 함께 계시기에 걱정 아니해도 되는 일인 줄 모를 리가 없습니다. 그러나 그때 주어진 현실은 너무나 큰 고통이었기에 말로 표현할 수가 없습니다. 감당치 못할 시험을 허락하지 않으신다고 하셨지만 그 순간만은 힘들고 어려웠음을 말씀드립니다.

드디어 여호와 이레의 축복이 찾아와 나를 감싸안아 주시는 것을 곧 알게 되었습니다. 선교사의 길에는 언제나 핍박과 위로의 레일이 함께 가고 있다는 것을 실감하게 하셨습니다. 하나님께서는 모 신학대학 강당에서 간증할 기회를 얻게 하셨습니다. 그러므로 그 지역에 머물 수 있는 기회를 다시 갖게 된 것입니다. 대 역전으로 몰아 가시는 주님의 능력을 체험하면서 몇 주간 연장하여 힘있고 능력있게 사역을 할 수 있었습니다. 나를 몰아 내려는 어둠의 적이 있다는 것을 항상 의식하게 되어 긴장을 늦추지 않고 살게 하셨으며 다음 코스를 향해 길을 열어 주시는 주님의 의도를 깨닫게 되었습니다. 그리하여 스릴 만점으로 기쁨과 아픔을 동시에 누릴 수가 있었습니다. 주님께서 예비해 놓으신 사역지를 향하여 계속적으로 달려가는 중에 깊이 생각해 보니 몹시 부끄럽다는 생각을 떨쳐 버릴 수가 없었습니다. 조금만 긴장되고 위협이 온다 싶으면 엉엉 울어버리고 조금만 풀어 주시면 자신만만해 하는 나의 이중적인 모습을 바라 보면서 언제 쯤이나 좀더 성장한 인격으로 주님을 기쁘시게 할 수 있을까 생각해 보기도 했습니다. 이러한 나의 모습을 언제나 관심을 갖고 지켜 봐 주시는 캐나다 밴쿠버 소망교회 남 사무엘 목사님께 연락을 드리게 되었습니다. 나의 은사와 처지와 상황을 아시는 목사님께서 LA로 가라는 말씀을 하셔서 곧장 짐을 챙기고 LA 공항을 향해 비행기 탑승을 마칠 수가 있었습니다. 늘 부족하지만 주님께서 손을 잡아 주시고 함께 해 주시므로 감당하게 하시니 감사할 뿐입니다. 비행기 요금 절약한다고 몇 번 갈아 타는 과정에 겪어야 했던 어려움은 나만 겪는 것이 아니고 주변 사람들까지 괴롭히게 되었지요. 그 비행기는 토네이도 태풍으로 출발지에서 연착 두시간 후, 중간 달라스공항에서 5시간 연착, 결국 예정 시간보다 7시간이나 늦었지만 그 시간까지 참고 기다려 주신 서휘덕 장로님 내외분께 미안했습니다. 그래도 남목사님 주선으로 처음 만났지만 주님의 은혜 가운데 형제됨이 확인되면서 우리는 끌어안고 기쁨의 눈물을 흘렸습니다. 모두가 하나님의 은혜입니다.

그 동안 여러 선교지를 방문하면서 한바탕 휩쓸고 간 영적 태풍은 무사히 넘겼지만 토네이도 태풍으로 달라스에서 5시간 머물고 있을 때 모든 여행객들이 불안해 하는 모습을 보면서 나 또한 마음조이며 기도했던 그날을 뒤돌아봅니다. 어느 한 순간도 내게서 눈을 떼지 않으시는 하나님은 철저하게 방패막이가 되어 주시며 선교의 끈을 놓지 않고 전진해 나갈 수 있도록 인도해 주십니다. 그 길이 호화롭고 찬란한 길은 아니지만 주님과 함께 하는 길이기에 기쁘고 행복한 것만은 틀림없습니다. 나는 할 수 없으되 할 수 있도록 인도해 주시는 하나님께서는 죄인된 나를 살리기 위해 십자가에서 죽어야 했다고 늘 말씀해 주십니다. 너를 핍박하는 자가 있을 때는 네가 살았다는 증거라 하시고 그 핍박을 감당하므로 인하여 생명이 너를 통해 분출 된다는 사실을 기억하라고 말씀해 주셨습니다. 원수는 대적하는 것이 아니고 사랑해야 할 대상이라고 하셨습니다. 항상 듣는 말씀이지만 그 말씀이 내게 직접 전해 주실 때는 받아 드려지는 감동이 다르다는 것을 알게 되었습니다.

서휘덕 장로님의 안내를 받아 가족들의 환영을 받으며 그날 저녁 오랜만에 마음 놓고 깊은 숙면을 하게 되었습니다. 새벽 6시 종소리에 깨여 일어나 보니 온 가족이 리빙룸에 모여 새벽 기도로 하루의 일과를 시작하였습니다. 참으로 아름다운 가정, 은혜로운 가정으로 안내해 주신 주님께 감사 드리며 LA에서는 어떻게 사역의 길을 열어가실까 궁금하기도 했습니다. 조용히 서두르지도 않고 침착하게 하나하나 길을 열어가시는 성령님과 장로님의 모습을 바라보면서 미국 생활을 배울 수 있었습니다. 바쁜 중에도 사역의 길을 열어 주기 위해 미주 복음방송국을 찾아 간증 프로에 나갈 수 있도록 주선해 주셨고 여러 가지 도움으로 활동할 수 있도록 안내해 주셨습니다.

한편 복음방송국의 도움을 받아 드디어 "그리스도인의 생활" 모임이 몇 팀으로 나누어 한 주간에 단 하루도 쉬는 날 없이 일할 수가 있었습니다. 먼저 영락 교회 성도님들의 도움을 받아 팀이 마련되었고 다음으로 토렌스, 벨리, 하시엔다, 세리토스, 얼바인, 훌러톤 등등의 순서로 팀이 짜여졌습니다.

한국에서 가졌던 모임대로 똑같은 일을 이곳 미국에서 할 수 있게 되었다는 것을 한껏 기뻐하며 하나님께 감사드립니다. 매일매일 주어진 일정대로 찾아가서 즐거운 마음으로 나눔을 갖지만 그들이 가진 문제를 해결해 주시는 주님의 관심과 능력으로 밀어 주시고 해결해 주시기에 자신 있고 당당하게 다닐 수 있었습니다. 부족한 것은 말로 다할 수 없지만 주님께서 사랑해 주신다는 그 힘으로 버티며 살아갈 뿐 입니다. 지금도 여전히 선교일을 한다고 열심히 다니지만 주님께서 해결해 주시지 않으면 할 수 없는 일입니다. 주님 나와 함께 동거함을 만민 앞에 보여주시는 주님의 사랑이 있기에 최선을 다할 뿐입니다. 주님께서 오늘도 이는 내 사랑하는 자녀라고 인정해 주십니다.

영에 속한 사람

27

사단의 공격이 소낙비처럼 쏟아지는 광경을 보고 계시면서도 침묵으로 일관하시는 주님이셨습니다. 말씀 한마디면 해결할 수 있을 텐데 전혀 요동치 않으시는 주님 앞에서 울어 버릴 때가 참 많았습니다. 장차 받아 누릴 수 있는 권리를 부여해 주시려고 조금만 더 조금만 더 참아 보라고 말씀하시지만 너무 아프고 너무 억울하고 너무 슬퍼서 비틀거리다 그만 쓰러진 적도 한두 번이 아니었습니다. 고난이 가져다 주는 유익이 엄청난 축복이라는 것을 이미 알고 있기에 조금이라도 더 참아 보려는 애씀이 있었습니다. 아직도 내가 다다라야 할 길이 멀다고 생각하고 그냥 그렇게 걸었습니다. 어느 지점쯤 왔는지 그 동안 걸어온 길, 뒤돌아 볼 수가 있을 그때 혼자라고 생각했던 내 곁에 주님께서 함께 걸으며 이루어 주신 일에 감격할 수가 있었습니다. 십자가를 제대로 감당치 못한 것이 못내 아쉽고 부끄러워 그만 고개를 숙이게 되었습니다. 그러므로 우리의 힘으로 할 수 없는 일들 뿐이기에 주님을 의뢰하고 의지하고 맡겨 드리기로 결심하였습니다. 그러다가도 누군가 친절히 다가와 속삭여 주면 하나님 보다 더 생각하고 의지하게 될 때가 있었습니다. 그때 하나님께서는 지체없이 분리시키는 작업을 이루어 가십니다. 마치 내 몸에 암세포가 형성되려고 할 때 더 강력한 건강세포를 통해 공격하므로 암세포가 형성되지 못하도록 파괴하므로 건강을 유지할 수가 있듯이 하나님께서는 그렇게 내 삶을 간섭하시고 잘못되는 관계를 분리시켜 주십니다. 그렇게 분리될 때 우리는 피차 아프고 외로워지며 고통스러운 통증으로 몰려오기도 합니다. 한치 앞을 내다보지 못하는 인간의 얄팍한 수단과 술수가 분리되지 않으려는 몸부림을 하기도 합니다.

그러나 앞서 일하시는 하나님께서는 그 그릇된 집착들이 가져다 줄 영적인 패배를 이미 알고 계시기에 적극적으로 분리해 가십니다. 분리되는 과정에서 겪어야 하는 고통이 찾아 왔을 때 너무 민감하게 반응하지 말고 순응하는 자세로 받아들이는 것이 오히려 고통의 시간을 줄이게 되었습니다. 고통이나 고난은 영혼의 인격을 교정받게 하기에 영원한 영생의 유익을 얻게 됩니다. 그 원리를 가르쳐 주기 위해 주님은 십자가의 길을 가셨습니다. 십자가는 신나고 즐거운 길이 아닙니다. 호화롭고 찬란한 길도 아닙니다. 십자가의 길을 가려면 세상 풍조를 과감히 거부해야 합니다. 하나님과 멀어지게 하는 요소들을 의식적으로라도 멀리해야 하고 때로는 단호하게 끊어버리는 결단도 내려야 합니다.

만일 하나님의 임재를 통해 위로받는 일만 추구한다면 성숙한 "기대할 수 없게 됩니다. 앤드류 머레이는 "위대한 영성"에서 승리자가 되려면 고난을 각오하라고 했습니다. 고난이 나에게 유익을 주는 것은 틀림 없지만 자칫 남을 미워하거나 고통을 안겨 주는 일로 고난이라고 한다면 그것은 깊은 착각으로 무서운 함정을 파는 일이 됩니다. 그러나 애매히 눌림 받거나 상처를 받으므로 당하는 일이 있다면 주님의 위로가 넘칠 것이고 하늘에 상급이 있을 것으로 기대해도 된다고 감히 말씀드리고 싶습니다.

고난의 인내를 잘 통과하게 되면 경건이라는 정금같은 인격을 갖게 됩니다. 경건한 사람은 자기를 부인할 줄 알고 모든 일을 주님께 맡기고 의뢰하며 살아갑니다. 그는 주님 외에 어떤 것에서도 즐거움을 얻는 것을 원치 않습니다. 영에 속한 경건한 사람은 날마다 의로운 태양 앞에서 은총의 빛을 받아 아주 작은 허물까지도 발견하므로 철저한 자기 성찰을 하며 주님 주시는 기쁨으로 만족하게 살아갑니다. 뿐만 아니라 드림 팀의 공동 목표를 가지고 지혜롭게 공유할 줄도 알고 사명을 따라 덕스럽게 섬기며 사랑받는 삶을 살기도 합니다. 세상이 떠들썩할 만큼 기도 소리 찬송소리가 울려 퍼지지만 그 삶이 모두가 깊은 영성에 들어간다는 보장은 없음을 알아야 합니다. 자기 주체를 갖고 목소리 높이는 겉치레적인 기도는 주님의 뜻과 무관하기 때문입니다. 그러나 이러한 외적 행동이 내면 깊숙한 곳에서 일어난 결과라고 한다면 인격 성장은 물론이고 주변을 아름답게 정화시키므로 감동을 주게 됩니다. 안타까운 것은 많은 사람들이 영적 불감증에 사로 잡혀 어떤 것이 영성인지 근본조차 알지 못하고 군중에 밀려 살아가는 성도들을 보게 됩니다. 따지고 보면 그것 조차도 영적인 리더들의 부재라고 말하고 싶습니다. 오늘날 리더들의 영성의 변화와 바람직한 자존심을 회복하지 않고는 이 문제가 어디까지 끌려 갈 것인지….

바울 사도께서는 이제나 저제나 복음이 전파되는 것으로 감사하라고 하셨습니다. 그렇지만 훈련되지 않은 리더십은 공기를 오염시킬 뿐만 아니라 오히려 훼방거리가 되고 있음을 여실히 보게 됩니다. 우후죽순처럼 사례도 분별도 없이 소명의식 조차도 없이 교회라는 간판을 걸어 놓고 찾아 오는 영혼들을 감언이설 같은 무례한 말로 발 고리를 채우고 자기 목적의 수단으로 삼아 오도가도 못하게 하는 일들을 얼마든지 볼 수 있습니다. 그것이 성경이 말하는 삯꾼 목자라는 것입니다. 그들에게 매인 성도들을 보면 가정의 문제가 방치된 채 영적 소경으로 머물러 방향성을 잃어 버리고 맹신적 신앙으로 교회 출석만 잘하면 다 되는 줄 알고 열심을 내는 것을 보게 됩니다. 그러다가 감당하기 힘든 문제라도 발생되면 자기 비하에 빠져 골방에 들어가 눈물 흘리며 적당한 타협으로 안주하려는 모습을 보게 됩니다. 참으로 마음 아픈 일이 아닐 수 없습니다. 우리 어른들도 심각하지만 더 심각하게 다루어야 할 것은 자녀들의 영성입니다. 그들에게 남겨주어야 할 신앙의 원리를 어디서부터 어떻게 재정비해야 할지 우리는 지혜를 모아야 합니다. 누가 누구를 탓하려고 하는 것은 결코 아니고 악의 세력에 침노당하고 사는 성도들을 구출해야 할 사명이 우리들에게 있음을 인식하자는 것입니다. 우리가 서로서로 영에 속한 성도들이 되어 손에 손잡고 질서를 잡아 평화를 이루어 아름다운 삶의 순환을 일으키며 살아가기를 소망 합니다.

28 리더의 중요성

요즘 현대인들은 가능한 한 빠르고 쉽게 최상의 자리에 오르려 합니다. 준비되지 않은 자가 중요한 위치에 섰을 때는 그만큼 위험 부담도 있게 됩니다. 그렇다고 완벽한 사람이 되어야 하느냐 하면 그런 것도 아닙니다. 부족해도 뚜렷한 가치관을 가지고 바람직한 방향성을 제시할 만큼 감각을 가진 자이기를 주님께서는 원하십니다.

하나님의 일을 한다는 리더들이 자기를 따르는 자들의 삶의 앞을 내다볼 줄 모르고 무조건 기도만 하면 다 된다는 맹목적 신앙으로 자신의 입지에만 급급해 하는 경우를 보게 됩니다. 리더들은 앞을 내다보는 감각을 지녀야 하고, 뿐만 아니라 위계 질서를 지켜야 하고, 주변을 정화해 가는 지혜와 재치가 있어야 합니다. 그러기 위해 남들이 볼 수 없는 골방을 반드시 가져야 하고 하나님과 일상적인 교제가 이루어져야 합니다. 시편기자는 새벽 전에 부르짖으며 주의 말씀을 바라라고 했습니다(시 119:147).

말씀을 묵상하므로 깊은 영성으로 들어가 학자같은 은혜를 받아야 합니다. 학자는 깨우침을 받는다는 것입니다. 진로의 방향성을 제시해 주는 나침반과 같은 기능을 얻는다는 것입니다. 학자 같은 지혜를 얻으면 마음이 성결하고 화평케 하는 자가 되며 양순한 성품으로 긍휼이 여길 줄도 알고 편견이나 거짓 없는 행동으로 선한 열매를 맺게 됩니다. 그렇다고 호화롭고 찬란한 일만 한다는 것은 아닙니다. 멸시와 무시와 천대도 받아 들인다는 것입니다. 어떤 일에도 견고하여 흔들리지 않으며 항상 주의 일에 힘쓰는 자가 됩니다(고전 15:58). 우리의 완전한 리더이신 예수님께서도 수치와 고난과 멸시를 한 몸에 걸머지시고 죽음으로 대신하셔서 우리를 구원해 주신 것 같이 우리도 복음을 전달하는 전달자로 책임감 있는 삶을 살아야 합니다. 주님께서 받으신 위험과 거절과 고통을 공유해야 함을 말하는 것입니다.

리더로서의 헌신과 결심은 십자가의 고난을 자신과 분리할 수 없는 요소가 됩니다. 그러한 과정을 거치지 않고 뛰어넘어 능력으로, 사랑으로 구호만 외치며 자기 입지에만 급급해하게 되면 머지않아 마귀의 집단으로 전락해 버립니다. 마귀는 틈만 있으면 뚫고 들어와 훼방합니다. 그리고 자기 집단을 만들어 갑니다. 주님께서 제자들을 훈련하실 때 먼저 종이 되게 하셨습니다. 종은 주인을 헌신적으로 섬깁니다. 모세도 영도자가 되기 전에 40년 동안 미디안 광야에서 양을 치며 주인을 섬기며 살았고 다윗 역시 왕이 되기 전에 양을 치며 살았습니다. 요셉은 애굽의 총리가 되기 전에 노예로서 감옥에 들어가 죄수를 섬기는 일로 훈련을 받았습니다.

리더의 자격은 섬김의 생활입니다. 그리고 희생입니다. 너희가 나의 마시는 잔을 마시며 나의 받는 세례를 받을 수 있느냐고 하신 것은 헌신된 희생을 말씀하신 것입니다. 사단은 쉬운 방법으로 권세를 차지하고 자기 자리를 확보하라고 하지만 그것은 유혹입니다.

예수님께서는 십자가를 지고 견디어 내셨기 때문에 모든 이름 위에 뛰어난 이름을 받으셨습니다(빌 2:8-11). 예수님만큼 도달할 수는 없겠지만 예수님을 따라야 한다는 것이 전제되어야 합니다. 자신이 그리스도의 인내를 가지고 사람을 대하고 있는지, 곤궁에 처해 있는 사람에게 민감한 반응을 하고 있는지, 강도 만난 사람을 위해 헌신적으로 섬기는 사마리아인 같은지 스스로 점검할 필요가 있습니다. 교회의 지도자로서 중요한 임무는 그리스도를 세워 드리는 일입니다. 그것은 그리스도를 전하는 전달자이기도 합니다.

그러므로 그는 주님과 함께 동거함을 만민 앞에 보여 주며 살아야 할 책임이 따른다는 것입니다. 로마 군대 백부장은 높은 지위에 있으면서도 자기 수하에 든 하인의 병을 고쳐 달라고 주님을 찾아 갔습니다(눅 7:1-10). 주님께서 놀라셨다고 했습니다. 이스라엘에서 이만한 사람을 만나지 못했다고 하셨습니다.

욥바에 다비다라는 여제자가 있었습니다. 그의 선행과 구제하는 일은 주님을 높여 드리는 행위였습니다. 그가 병들어 죽었을 때 모든 과부들이 울면서 그가 지어준 속옷과 겉옷을 보여주며 애도했다고 했습니다. 주님께서는 베드로를 보내어 다비다를 위하여 기도하게 하므로 살려 주셨습니다. 그 광경을 본 욥바의 많은 사람들이 주를 믿더라고 하였습니다. 다비다의 죽음이 있었기에 하나님의 영광이 세상에 알려진 것입니다. 훌륭한 리더는 바쁘지 않습니다. 평소에 자기 삶을 성실히 계획하고 꾸려가기 때문입니다. 버팀목처럼 든든히 서서 고목나무 같은 울타리를 치고 어떤 오물이 들어와도 정화시킬 수 있는 바닷물 같은 사람입니다. 훌륭한 리더는 사람을 잘 만나는 것보다는 만나는 모든 사람들에게 좋은 사람이 되려고 노력하는 자들입니다. 리더는 깊은 영성에 들어가 주님께서 보시는 자신을 날마다 확인하며 살아갑니다. 하나님의 의를 추구 하는데 자기 인식은 매우 중요하기 때문입니다. 자신이 병든 것이 확인되면 의사를 찾게 되듯이 세상에서 최상의 복을 누리는 자로서 자기 점검은 당연한 자기 몫이 됩니다. 리더로서 자신을 안다는 것은 주님의 일을 보다 효과적으로 협력할 수 있게 됩니다.

내가 원하는 것은 무엇이며 일상 생활에 무엇을 가장 많이 생각하고 있는지 나에게 시간과 물질에 여유가 주어진다면 어떻게 활용할 것인지, 주변에 어떤 사람들과 친하게 지내고 있는지, 내가 존경하고 신뢰하는 사람은 누구인지, 나는 무엇에 울고 웃는지 점검해 볼 필요가 있습니다. 행복을 추구하기 보다는 거룩해 지려는 갈망을 갖고 있는지, 누구에 의한 강요됨이 아니고 스스로 선택하고 주님을 따르는지, 무슨 일을 하나님의 관점에서 처리하고 있는지, 자신은 희생이 있더라도 다른 사람이 발전하고 성장하여 갈 때 기뻐하고 있는지 늘 돌아 보아야 합니다.

리더는 단순하게 사는 법도 익혀야 합니다. 현대 문명 자체가 복잡합니다. 가정이라는 울타리 속에서 서로의 관심이 모아지고 대화가 이루어졌던 시절은 옛날인 것 같습니다. TV 속에 나오는 인물을 통해 울고 웃는 것들이 복잡한 문명을 잊어 보려는 몸부림일 수도 있습니다. 결국 그러한 것들에 길들여지게 되면 하나님을 알려는 깊은 고민에 들어가지 않으려 합니다. 가치 없는 것들에 관심을 기울이게 하는 사단의 수법이기도 합니다. 그러나 그 속에서도 참된 신앙을 고집하며 자신의 내면으로부터 소리치는 음성에 민감해야 합니다.

누구와도 경쟁하려는 의식은 철저히 배제해야 하고 주님께만 귀기울여야 합니다.

내면을 채우는 독서를 즐겨야 하고 투자되어야 합니다. 내면에 속한 신비의 현존 속으로 옮겨진 사람에게는 자신을 이해하는 사람이 많지 않습니다. 주변에 많은 사람들이 있으나 참된 영적 교제를 할 수 있는 사람은 흔하지 않다는 것입니다. 자신이 소외를 당하더라도 주님을 존귀케 하는 일이라면 기꺼이 드려지는 삶이기에 평범한 사람이 이해하기 힘든 길이 됩니다. 영적인 리더로서 자신의 감정을 숨김없이 내어 놓는 일도 보통 사람으로는 해낼 수 없는 일입니다. 그러다가도 마음 문 열기에 그 환경이 도움되지 않을 때는 침묵을 지키기도 합니다. 자신을 조절해 가는 삶을 산다는 것입니다. 어찌 보면 리더는 만 가지 재능을 지녀야 하는 것 같습니다.

믿음의 용기도 필요합니다. 물 맷돌 하나로 기골이 장대한 골리앗을 쓰러뜨린 것도 대단한 믿음의 용사 다윗이었고 정탐꾼을 숨겨준 기생 라합도 하나님을 믿는 믿음이 확고했기 때문이었습니다(수 2:1-21).

믿음은 어디서부터 시작되는지 알아 봅시다. 믿음은 구원받은 자에게 주어지는 특권입니다. 구원받은 자는 진리의 말씀을 통해 내가 바로 죄인이라는 것을 알게 됩니다. 그 죄를 주님께 고백하므로 자유를 주셨습니다. 이러한 사실을 믿는 것이 믿음입니다.

죄의 의식이 없는 신앙은 샤머니즘입니다. 죄를 고백하지 않는 신앙은 광기입니다. 회개가 이루어져야만 만능의 인격을 소유할 수가 있습니다. 하나님 앞에 흠 없이 설 수 있는 사람은 아무도 없습니다. 그러기에 회개는 주님과 교통할 수 있는 관문을 열어가는 첫 단계입니다.

오스왈드 센더스는 세상 리더와 영적 리더의 차이를 말했습니다. 세상 리더는 자기 확신에 차 있고 영적 리더는 하나님 확신에 차 있다고 했습니다. 세상 리더는 야심적이어서 자기를 드러 내지만 영적 리더는 겸손해서 주님을 내세운다는 것을 말합니다. 세상 리더는 자기 스스로 결정하고 자기식 방안을 창안하지만 영적 리더는 하나님 뜻을 추구하고 하나님 방법을 찾아갑니다. 크리스천 상담자는 항상 배우는 데 시간을 투자하므로 성장하는 만큼 성도들의 필요를 채워주는 삶을 삽니다. 때로는 비판을 받아 드릴 줄도 알고 관용하는 마음으로 감싸 안게도 됩니다. 다윗은 아들 압살롬의 추격을 피해 망명의 길을 떠날 때 시므이라는 사람으로부터 심한 모욕과 저주를 받았습니다. 그러나 그는 유명한 말을 남깁니다. "여호와께서 나의 원통함을 감찰하시리니 오늘날 그 저주 까닭에 선으로 내게 갚아 주시리라." 왕으로서의 권력을 갖고도 그렇게 관용할 수 있었던 것은 다윗만이 해낼 수 있었던 믿음의 수용성 때문입니다. 개인적으로 다윗을 생각해 보면 그는 연기자였고, 정치가였고, 예술가였고, 문학가였고, 만능의 사람이었습니다. 최고의 리더였다고도 말하고 싶습니다. 리더의 중요성을 말하면서 바울 사도를 빼놓을 수 없습니다. 어떤 면으로도 뛰어난 삶으로 본을 보여 주신 바울이었습니다. 특히 리더로서 바울 사도로부터 도전받아야만 되는 것은 고린도 후서에 기록 된 순교 정신의 삶이었습니다. 그는 말합니다. "내가 그리스도를 본받는 자 된 것 같이 너희는 나를 본받는 자 되라"(고전 11:1).

교육은 가르침으로 이루어지지만 인격 형성은 삶의 모범을 통해서만 이루어집니다. 내 교회, 내 가정, 내 주변을 가르쳐 보겠다는 열정보다는 그리스도의 본을 보여 주겠다는 자세를 가지고 리더로 그리스도의 덕을 끼치는 우리 모두가 되기를 소망합니다.

29
하와이 와이키키에서

저녁 노을이 질 때 바라보는 바다 저편은 참으로 아름답습니다. 붉은 태양이 바다를 감싸고 있기 때문입니다. 형용할 수 없는 색상으로 떠 밀려오는 파도 띠들이 웅장한 무대를 이루곤 합니다. 파도를 타고 즐기는 젊은이들의 모습은 한껏 살아 있음을 실감나게 보여 줍니다. 시간이 흐르면서 노을이 지고 하루가 마감 되어 적막한 어둠으로 바다는 한 자락 한 자락 깔려집니다. 가끔 이곳 저곳에서 반짝이는 뱃머리의 불빛이 바다를 별빛처럼 수놓아갑니다. 하와이 와이키키 해변에 앉아 입술은 침묵하지만 가슴은 많은 은혜로 감격스러웠던 것들이 진정할 수 없을 만큼 소용돌이가 쳐집니다. 문득 말씀이 떠오릅니다. "네가 복을 받아 행복할 때 과거 어려웠던 애굽 생활을 잊지 말라." 어떻게 잊을 수가 있겠습니까?

어둠의 공포 속에서 건져 주신 하나님, 상한 갈대였고, 꺼져가는 등불이었으나 꺾지 않으시고, 끄지 않으시고 이렇게 세워 주신 하나님을 찬양합니다. 외로움이 파도처럼 밀려올 때마다 속삭여 주시는 주님의 사랑은 언제나 지금도 말씀하십니다. 주님 한분만으로 만족해야 한다고….

그렇게 밤을 보내고 또 하루가 시작되었습니다. 벌써부터 해변에는 파도 띠들과 함께 즐기는 청춘 남녀들이 움직이는 대형 그림을 그려 가고 있습니다. 하늘과 맞닿는듯한 바다 저편으로 이어지는 수평선을 바라보면서 나는 많은 생각에 잠겨 보기도 합니다. 폭풍과도 같은 사나운 파도, 휘몰아치는 바람, 기댈 수도, 기댈 곳도 없어서 이리저리 밀려 다녔던 지난날을 기억하며 고요히 눈을 감고 감사기도를 드립니다. 붉은 태양이 바다를 감싸고 돌아가는 노을진 황혼의 빛, 새벽 어둠을 뚫고 바다 저편 수평선을 힘차게 통과하며 떠오르는 태양 빛은 웅장한 오케스트라를 조명해 주는, 장엄한 바다를 무대로 하고 있습니다. 하늘나라로 안전하게 안내하는 황혼의 빛과 인생은 한번 살만한 가치가 있으며, 볼 곳을 보게 하기 위해 강렬하게 비춰주는 태양빛을 하루동안 마음 깊이 음미하면서 감동적인 눈물을 흘려 봅니다.

폭풍이 지나고 잔잔하게 밀려오는 파도는 참으로 감미롭습니다. 폭풍 속에 휘말릴 때는 모든 것이 끝난 것 같았지만 잠시 후 파도는 모래사장을 덮고 씻은듯이 사라졌습니다. 모래 위에 그려 놓았던 수많은 자국들이 깨끗이 밀려나가 다시 그림을 그릴 수 있는 화폭으로 만들어 주셨습니다. 우리 인생도 그렇습니다. 온갖 오물들이 내 마음을 더럽히고 상처로 찢어져 가고 있지만 주님의 은혜 안에 잠기게 되면 다시 새롭게 마음이 깨끗한 화폭이 됩니다. 어떤 것도 담을 수 있고 어떤 일도 다시 시작해 볼 수 있는 그런 마음이 됩니다. 찢겨진 상처로 가슴이 타버려 새까만 숯 빛으로 얼룩져 있었지만 태풍으로, 폭풍으로 밀고 가 버렸기에 오히려 백지가 되었습니다. 주님의 사랑은 그렇게 다가와 만져 주셨기에 자유와 평안으로 자리를 잡게 됩니다.

그러므로 또 다른 인생의 목표를 세우고 새로운 도전을 시도해 봅니다. 태풍으로 씻겨졌기에 끝난 줄만 알았던 공격의 사악한 영들은 또 다른 기회를 얻기 위해 굶주린 사자가 먹이를 찾듯이 우리 곁을 맴돌고 있음을 알아야 합니다. 이때 우리가 어떻게 할 수 있는 일은 없습니다. 우리가 할 일은 오직 주님께 기도하는 일입니다. 주님과의 대화가 가장 편하고, 가장 쉽고, 가장 안전하기 때문입니다. 갈등과 반목의 소용돌이 속에 휘말려 사실이 아닌 것에 오해받으며 해명조차 할 수 없이 그대로 넘겨버려야 할 일들이 얼마나 많습니까? 바르게 정리하고 정확하게, 확실하게, 짚고 넘어가야 한다는 해명을 들고 너나 할 것 없이 나선다면 세상이 참으로 어지러울 것 같습니다.

그러나 그리스도인은 어떠한 억울한 일을 만나도 억울하지 않을 것은 주님께서 함께 보고 계시다는 것을 믿는 믿음 때문입니다. "의인은 오직 믿음으로 말미암아 살리라" 했습니다(롬 1:16-17). 주님께 맡겨 드리는 믿음은 주님이 하는 일의 결과를 눈으로 보게 되는 축복이 따라옵니다. 그리스도인은 언제나 바른 행동을 하려고 노력하지만 험 잡으려는 자 앞에서는 어쩔 수가 없습니다. 성령 없는 행동은 만용이고 성령 없는 지식은 허망입니다. 따지고 보면 남을 판단하는 사람이 핑계치 못할 것은 판단하는 그것으로 자기가 판단을 받게 됩니다(롬 2:1-11).

한편 야곱이 아비의 축복을 받은 후 그 축복을 받기까지 걸어야 했던 그 길은 험산 준령이었습니다. 바울을 향한 하나님의 의도는 분명했으나 그 일을 이루시기까지의 그의 여정은 우리가 상상할 수 없는 폭풍의 언덕들이었습니다.

내 인생을 향한 하나님의 의도가 처음부터 오늘 이 순간을 예고해 주셨다면 너무나 높은 고지였기에 아예 포기했을 수도 배제할 수도 있었습니다. 그러나 주님은 차츰차츰 한단계 한단계 끌어올려 주셨습니다.

우선 가정부터 수리해 주셨습니다. 그것이 우선순위라고 했습니다. 그리고 주변 사람들을 복음화하기 위해 갖출 것을 갖추라고 했고 좀 더 성장된 인격들과의 만남을 주선해 주셨고, 폭 넓은 관계로 해외에 있는 교포들까지 관심 갖고 상담하는 일로 국제적인 활동을 하도록 이끌어 주셨습니다.

하와이 와이키키 해변 호텔의 커튼을 젖히고 수평선을 바라보며 또 다른 손님을 맞이할 시간을 기다리고 있다는 것이 현실이지만 마치 꿈을 꾸는 것 같습니다. 그토록 무식해서 불편한 것이 한 두 가지가 아니고 가난하고 무지하여 멸시와 천대로 눌림 받던 날이 엊그제 같은데 귀한 분들과 함께 앉게 하시고 많은 사람을 옳은 데로 돌아 오도록 안내 하는 일을 하게 되었으니 이보다 더 큰 축복이 어디 있으리오.

거친 파도 속에 충돌되는 일들로 인해 사랑하는 자녀들이 수도 없이 상처를 입고 지금도 엄마, 아빠를 소리내어 부르지 못할 만큼 굳어진 입술과 심장이 이를 증명해 주고 있습니다. 집회 일정의 막간을 통해 관광을 해야 한다고 목사님께서 일정을 잡아 보지만 그럴 수 없다는 내 의견에 맞추어 호텔방을 줄이어 노크하는 형제 자매들의 사연을 끌어안고 많은 눈물을 흘려야 했습니다.

결국 그들의 아픔은 사랑의 부재입니다. 사랑은 받아도, 주어도 피차 부족한 것뿐입니다. 사랑은 포기하지 않아야 하지만 포기할 수도 없는 것이 사랑입니다. 생명이 시작되는 순간부터 마감되는 순간까지 필요한 것이 사랑입니다. 사랑해야 하는 일은 시작도, 멈춤도, 끝도 없습니다. 모든 일상 생활에 사랑은 필수 요건입니다. 그 사랑 때문에 방탕하고, 폭력하고, 시비하고, 불평하고, 미워하고, 원망하고, 울고, 웃기도 합니다.

사랑이 있으면 행복합니다. 사랑을 받아도, 사랑을 주어도 행복합니다. 그런데 사랑하는 일도, 사랑받는 일도 익숙하지 않아서 상처주고, 상처받는 경우가 많습니다. 그 한계를 느끼고 사랑이라는 의식 속에 살아갈 때 비난을 받아도 상처가 되지 않습니다. 주님께서는 그렇게 훈련된 사람을 통해 일을 하십니다. 성경에 대표적으로 요셉을 들수가 있습니다. 욥은 말할 것도 없을 만큼 억울한 삶의 극치였습니다. 그분들의 삶이 있었기에 크리스천들에게 귀감이 되어 인간의 고통의 한계를 한껏 끌어 올려 놓으셨습니다.

(공부하는 도둑놈, 희망의 선생님)의 주인공 신호범님! 미국 명으로는 폴 신입니다. 그의 삶은 온통 상처로 빚어진 인생이었습니다. 그러나 그 분은 주님의 사랑을 찾았기에 그를 버린 가족들을 찾아가 이유 없이 섬기므로 주님의 사랑을 실천하였습니다. 그 사랑을 실천하기까지는 주저앉아 울어도 보았고, 고통을 견디어 내려고 애써 보았고, 반격하려는 반응도 있었고, 할 수 없이 십자가를 바라보며 통곡도 했을 것입니다. 주님께 내 인생을 맡기겠노라고 의뢰하기도 하고 때로는 십자가를 핍박했던 자신을 생각하며 후회와 회개로 눈물도 흘렸을 것입니다. 용서받는 나를 헤아리며 주님 사랑에 매여 사랑의 사신이 되기까지는 누구나 지나야 하는 코스였습니다. 드디어 원수를 사랑 하는 것은 바로 내 자신 때문이라는 결론을 얻었기에 부담 없는 인생, 값진 인생을 연출해 갈 수가 있다는 것입니다.

VII. 루디아 시모음

1997년 3·1절 민족화합 기도회에서 회원들과 함께

시모음 | 찬양

만남

내게 있어 너를 만남은 하늘의 뜻이라.
부딪고 부딪치는 그 많은 만남 속에서
하필이면 너와 내가 마주할 수 있다는 것은
예정된 계획이 아니고서야 어찌
이룰 수가 있었겠는가!

그러기에
너의 모습 보기만 해도
끈끈하게 달려가는 나의 사랑은
버려도 버려도 아깝지 않은
너와 나의 만남은 소중한 만남.

하늘을 보며는 별과의 만남
세상은 쏟아지는 사건과의 만남
수없이 만남을 이루어진 조각품들
모두 다 주워모아 너를 만들 때
여지없이 무너지고 치료가 되니
우리의 만남은 소중한 만남.

* 아픔을 갖고 찾아온 성도님들의 문제를 놓고
  상담을 통하여 치료되는 과정을 바라보면서   – 괴테대학 강당에서 낭송한 시

갈보리 십자가 사랑

갈보리 십자가 사랑은

속아 주는 것

덮어 주는 것

나누는 것

버리는 것

잊어버려 주는 것

위태할 때 잡아 주는 사랑

괴로울 때 위로하는 사랑

지쳐 있을 때 용기 주는 사랑

눈물 흘릴 때 닦아 주는 사랑

주고 또 주어도

아깝지 않아서

가난한 친구도

비굴하지 않게 하는 사랑

갈보리 십자가 사랑.

그분의 그 모습처럼

짓밟힐 때는 밟히리라, 힘없는 자처럼
억누를 때는 눌리리라, 용기없는 자처럼
할퀴고 뜯으면 뜯기리라, 바보의 모습처럼

정녕
그분이 걸어가신 그 길이라면
한 번도 자신을 위해 구하지 않았던
그분의 그 모습처럼

수없이 당하는 억울함 속에서
항거하지 않았던 그분의 그 모습처럼
혹독한 채찍을 맞으면서도
의연하게 때를 기다리던 그분의 그 모습처럼.

머리에 가시관 씌워놓고 비웃고 조롱하는 그들을 향해
사랑의 빛으로, 용서하던
그분의 그 모습처럼.

* 억울한 일을 만났을 때, 큰소리로 대항하고 싶을 때,
  소망의 빛으로 오신 주님께서 참을 수 있도록 이끌어 주신 위로의 말씀.

주님의 뜻은

주님은 우리에게 완벽을
요구하지 않습니다.

꾸미고 가꾸고 포장하는 것보다는
솔직하고 진실하기를 바라십니다.

주님의 능력을 활용하며 사는 사람은
어리석고 못난 빈 자리가 있습니다.

지나친 정직은 완벽주의자가 되지만
지나친 어리석음은 못난 바보가 됩니다.

이 두 차이를 치우치지 않는 것이
훌륭한 그리스도인입니다.

그 눈물 열매 되어

주룩주룩 빗줄기가 쏟아질 그때
한 방을 남김없이 맞아본 적 있었나요.
깊은 밤 잠 못 이루어 뒤척이면서
소리 없는 눈물을 흘려 본 적 있었나요.
사랑하던 사람들의 배신 앞에서
용서해야만 하는 아픔을 겪어본 적 있었던가요.

가난이란 불편을 움켜쥐고
비겁하지 않으려고 애써본 적 있었나요.
내게는 가진 것이 없기 때문에
가야 할 곳 못 가본 적 있었던가요.
멸시와 조롱으로 흐르는 눈물 감추려고
얼마만큼 견디며 살았던가요.

아픈 만큼 상처는 깊어만 가고
깊은 만큼 눈물은 고여지더라.
먼 훗날 그 눈물이 열매가 되어
열매가 맺힌 만큼 능력이더라
열매가 맺힌 만큼 능력이더라.

십자가, 그리고 고통

십자가를 말할 수 있는 자라면
남을 괴롭히고 즐기는 자에게 수없이 분노를 겪어본 자이며
권력을 가진 강한 자 앞에 비굴할 만큼 짓밟혀 본 자입니다.

십자가의 고통을 말하는 자라면
더 이상 지탱할 수 없는 난감한 상황 속에서
절망과 고통의 늪을 걸어 본 자입니다.

십자가를 말할 수 있는 자라면
사경을 헤매는 아픔과 두려움의 공포 속에서
홀로 겪어야 하는 인내의 한계를 겪어 본 자입니다.

십자가는 말을 합니다.
나를 따르라, 나를 본받으라. 아멘.

* 악성 암으로 투병 중에 있는 분을 위로해 주면서.
  인간을 향한 기대가 있었기에 실망이 따르는 것이라고
  좀더 냉정해 보자는 마음으로 위로하며 주고받은 말.

아, 이제야 철이 들었으니

젊어서는 젊음이 있기에 뒤로 미루고

있을 때는 내일이 또 있기에 오늘을 채웠고

오늘 못다한 일 내일 할 것이라고 미루어 오던 삶이

어느덧 정년을 맞이하여 미룰 수도 채울 수도 없는 상황 속에서

아직도 남은 인생 갈 바를 못 잡고

혼자만의 공간 속에 자신을 묻어

울고 또 울어 무슨 의미 있으랴

뒤늦게 철들었다고 신기한 듯 말하지만

해는 이미 서산에 기울어 있으니

해야 멈추어라 내가 철들었으니

달아 멈추어라 내가 철들었으니

백발은 머리에 얹고 방향은 서산으로

기력은 입술에 담고 언제나 그 자리에서

껄껄 아쉬움만 남겨 버리고 비움도 원망도 사랑도 관용도

가슴에 담은 채 눈으로 말하며

묵묵히 가야 하네, 아 이제야 철들었으니.

* 젊어서는 자기 멋대로 살다가 힘이 없이 늙었을 때
  자기 위치를 찾는 분들을 바라보면서.

두려운 사람

자신의 본질을 모르는 사람
두렵습니다.
자신에게 실망해본 경험 없는 사람
두렵습니다.
자기 관점으로 생각 없이 행동하는 사람
두렵습니다.
두려움의 공격을 받으면 재능이 마비되고
용기를 잃어버리게 합니다.

"사랑 안에 두려움이 없고
온전한 사랑이 두려움을 내어쫓나니"(요일 4: 18).

침묵

침묵한다고
마음이 편한 것은 아니에요.

침묵한다고
형제에게 판단이 없는 것은 아니에요.

침묵한다고
불평도 고통도 없는 것은 아니에요.

침묵한다고
유명해지고 싶은 유혹이 없는 것도 아니에요.

다만 침묵 없이 이 모든 것 해 보았을 뿐이에요.

헛된 삶을 살았다고
깊이깊이 반성하고
내 인생 주님께 맡겼기 때문에
침묵으로 침묵으로 살아갈 뿐이에요.

* 세상 사람 아무도 나를 몰라 줄 때.

기억하게 하옵소서

가난했을 때 그 날을 기억하게 하옵소서.
병들었을 때 그 날을 기억하게 하옵소서.
　그 날은 겸손을 알게 하신 날이니까요.
억눌림받았을 때 그 날을 기억하게 하옵소서.
고통받았을 때 그 날을 기억하게 하옵소서.
　그 날은 넘치는 소망이 있었던 날이니까요.
애통하며 부르짖던 그 날을 기억하게 하옵소서.
눈물로 온 얼굴을 적시던 그 날을 기억하게 하옵소서.
　그 때 용서하는 비결을 배우던 날이니까요.
억울할 때 그 날을 기억하게 하옵소서.
막막할 때 그 날을 기억하게 하옵소서.
　그 때 자신을 굴복시키는 비결을 베웠으니까요.
죄악 속에 빠졌을 때를 기억하게 하옵소서.
유혹이라는 것 배우던 날을 기억하게 하옵소서.
　그 때 하나님은 두려운 분이라는 것도 알게 되었으니까요.

사랑 그것은

황 루디아 작사
손정우 작곡

'97 제3회 주부복음성가 경연대회 대상 수상곡

사랑을 알기까지에는

가장 귀한 보석

황 루디아 작사
이 준 작곡

그리스도인의 생활

지은이	황 루디아
펴낸이	김민영
펴낸날	2006. 10. 5.
등록번호	제22-1453호
펴낸곳	도서출판 최선의 삶
	(우 137-876) 서울시 서초구 서초동 1589-5
	센츄리 오피스텔 511호
전　화	587-4737
팩　스	587-4733

* 책값은 표지에 있습니다.

ISBN	89-88657-33-0
총　판	(주)기독교출판유통
전　화	(031)006 0101

E · Mail: Malipres@hitel.net

최선의 삶은 독자의 의견에 항상 귀기울이고 있습니다.